grimmig & anders

Gruselmärchen aus aller Welt

GRIMMIG & ANDERS

GRUSELMÄRCHEN AUS ALLER WELT

Illustriert von
Scott Plumbe

ess!inger

Mehr über unsere Bücher, Autoren und Illustratoren unter
www.esslinger-verlag.de

grimmig & anders
Gruselmärchen aus aller Welt
ISBN 978-3-480-23292-5

Covergestaltung: Stefanie Reis Kommunikationsdesign
Grafische Gestaltung: Tanja Haaf
Reproduktion: Schwabenrepro GmbH
Druck und Bindung: Livonia Print, Riga, Lettland

© 2017 Esslinger
in der Thienemann-Esslinger Verlag GmbH
Blumenstraße 36, 70182 Stuttgart
Printed in Latvia

Inhaltsverzeichnis:

Der Geist im Glas

Es lebte einst ein armer Holzhacker, der arbeitete vom Morgen bis in die späte Nacht hinein und blieb doch immer arm. Als er sich endlich ein bisschen Geld zusammengespart hatte, sprach er zu seinem Sohn: „Mein lieber Junge, du bist mein einziges Kind, ich will das Geld, das ich mit saurem Schweiß erworben habe, zu deinem Unterricht verwenden. Sei fleißig und lerne viel, dann wird aus dir etwas Rechtschaffenes, und du kannst mich im Alter ernähren, wenn meine Glieder steif geworden sind und ich daheim sitzen muss."

Also ging der Holzhackersohn auf eine hohe Schule und lernte so fleißig, dass ihn alle Lehrer rühmten, und blieb eine Zeit lang dort. Als er ein paar Schulen durchgelernt hatte, aber noch nicht in allem vollkommen war und auch noch keinen rechtschaffenen Beruf hatte, war das bisschen, das der Vater erworben hatte, aufgebraucht und er musste wieder nach Hause zurückkehren.

„Ach", sprach der Vater betrübt, „ich kann dir nichts mehr geben und kann in diesen Zeiten auch keinen Heller mehr verdienen als für das tägliche Brot."

„Lieber Vater", antwortete der Sohn, „macht Euch darüber keine Gedanken, wenn dies Gottes Wille ist, so wird es zu meinem Besten sein und ich will auch das Beste daraus machen."

Als der Vater am nächsten Tag hinaus in den Wald wollte, um Holz zu schlagen, so sprach der Sohn: „Ich will mitgehen und Euch helfen."

„Gerne, mein Sohn", sagte der Vater, „aber es wird dir beschwerlich sein, du bist an harte Arbeit nicht gewöhnt, du hältst nicht lange aus. Ich habe auch nur eine Axt und kein Geld übrig, um eine zweite zu kaufen."

„Geht nur zum Nachbar", antwortete der Sohn, „der leiht Euch seine Axt so lange, bis ich mir selbst eine verdient habe."

Da borgte sich der Vater beim Nachbarn eine Axt und sie gingen zusammen hinaus in den Wald. Der Sohn half dem Vater und war ganz munter und frisch dabei. Als nun die Sonne über ihnen stand, sprach der Vater: „Wir wollen rasten und Mittag halten, frisch ausgeruht, geht es noch einmal so gut."

Der Sohn nahm sein Brot in die Hand und sprach: „Ruht Euch nur aus, Vater, ich bin nicht müde, ich will im Wald ein wenig umhergehen und Vogelnester suchen."

„O du Narr", sprach der Vater, „was willst du im Wald herumlaufen, danach bist du müde und kannst den Arm nicht mehr heben. Bleib lieber hier und setze dich zu mir."

Der Sohn aber ging in den Wald, aß sein Brot und war ganz fröhlich dabei. Er spähte in die grünen Zweige hinein, um ein Vogelnest zu finden. So lief er hierhin und dorthin, bis er endlich zu einer großen Eiche kam. Ihr Stamm war so dick, dass es fünf Menschen gebraucht hätte, sie zu umfassen. Er blieb stehen, sah sie an und dachte: „Es muss doch mancher Vogel sein Nest hineingebaut haben."

Da war es ihm auf einmal, als höre er eine Stimme. Er horchte und vernahm, wie es mit einem dumpfen Ton rief: „Lass mich heraus, lass mich heraus."

Er sah sich um, konnte aber niemanden entdecken. Da rief es wieder und er glaubte, dass die Stimme aus der Erde hervorkäme. Der Jüngling rief: „Hallo! Wo bist du?"

Die Stimme antwortete: „Ich stecke da unten bei den Eichwurzeln. Lass mich heraus, lass mich heraus."

Der Jüngling fing an, bei den Wurzeln zu suchen, bis er in einer kleinen Höhlung eine Glasflasche entdeckte. Er hob sie in die Höhe und hielt sie gegen das Licht. Da sah er ein Ding, fast wie ein Frosch, das sprang darin auf und nieder.

„Lass mich heraus, lass mich heraus!", rief es von Neuem.

Der Jüngling dachte an nichts Böses und nahm den Korken von der Flasche ab. Sogleich stieg ein Geist heraus und fing an zu wachsen, und wuchs so schnell, dass er bald so groß war wie der halbe Baum.

„Nun rate", rief der riesige Geist mit einer fürchterlichen Stimme, „was dein Lohn dafür ist, dass du mich herausgelassen hast?"

„Das kann ich nicht", antwortete der Jüngling. „Woher sollte ich das auch wissen?"

„Dann will ich es dir sagen", sagte der Geist, „den Hals werde ich dir dafür brechen."

„Nun, das hättest du mir früher sagen sollen", antwortete der Jüngling ohne Furcht, „denn dann hätte ich dich in deiner Flasche stecken lassen. Es ist sehr undankbar, mich für meine Hilfe zu bestrafen."

„Denkst du etwa, ich sei zum Dank so lange Zeit in dieser Flasche eingeschlossen worden, nein, es war zu meiner Strafe. Ich bin der großmächtige finstere Merkurius, wer mich loslässt, dem muss ich den Hals brechen."

„Langsam, langsam", antwortete der kluge Jüngling, „so geschwind geht das nicht. Ich muss erst sicher wissen, ob du auch wirklich der Geist bist, der in der kleinen Flasche gesessen hat. Beweise mir, dass du der rechte Geist bist: Kannst du in die Flasche wieder hinein, so will ich es dir glauben. Dann magst du mit mir anfangen, was du willst."

Der Geist sprach voll Hochmut: „Das ist mir ein Leichtes", zog sich zusammen und machte sich so dünn und klein, wie er anfangs gewesen war. Dann kroch er durch den Hals der Flasche wieder hinein. Kaum aber war er darin, so drückte der Jüngling den Korken wieder fest auf die Flasche und steckte diese zurück unter die Eichenwurzeln. Der Geist aber war betrogen.

Nun wollte der Jüngling zu seinem Vater zurückgehen, aber der Geist rief ganz kläglich: „Ach, lass mich doch heraus, lass mich doch bitte wieder heraus."

„Oh nein", antwortete der Jüngling, „du wolltest mich für meine Hilfe töten. Ich lass dich kein zweites Mal heraus!"

„Wenn du mich befreist", sagte der Geist, „so will ich dir so viel geben, dass du dein Lebtag genug hast."

„Nein, ich glaube dir nicht", antwortete der Jüngling, „du wirst mich betrügen, wie beim ersten Mal."

„Du spielst mit deinem Glück", sprach der Geist, „bei meinem Ehrenwort: Ich werde dir nichts zuleide tun, sondern dich reichlich belohnen."

Der Jüngling dachte nach und entschloss sich, es zu wagen. Dann nahm er den Korken ab, und der Geist stieg wie das vorige Mal heraus und wurde groß wie ein Riese. „Nun will ich mein Wort halten und dich reich belohnen", sprach der Geist und gab dem Jüngling einen kleinen Lappen aus Stoff. „Wenn du mit dieser Seite eine Wunde berührst, so heilt sie. Streichst du mit der anderen Seite über Stahl und Eisen, so verwandelt sich das Metall in Silber."

„Das muss ich erst versuchen", sprach der Jüngling, ging an einen Baum, ritzte die Rinde mit seiner Axt und berührte sie sodann mit der einen Seite des Lappens. Alsbald schloss sich die Kerbe wieder zusammen und war geheilt.

„Nun, du hast die Wahrheit gesagt", sprach er zum Geist, „jetzt können wir uns trennen."

Der Geist dankte ihm für seine Erlösung, und der Jüngling dankte dem Geist für sein Geschenk und ging zurück zu seinem Vater.

„Wo bist du nur herumgelaufen? Warum hast du deine Arbeit vergessen? Ich habe ja gleich gesagt, diese Arbeit ist nichts für dich", sagte der Vater enttäuscht.

„Wartet ab, Vater, ich will's nachholen."

„Ja, nachholen", rief der Vater zornig, „das hat keine Art."

„Schaut, Vater, den Baum da will ich gleich umhauen, dass er krachen soll", sagte der Sohn lächelnd. Da nahm er sein Läppchen, bestrich die Axt damit und tat einen gewaltigen Hieb. Aber weil das Eisen in Silber verwandelt war, kam die Axt zu Schaden.

„Ei, Vater, seht einmal, was habt Ihr mir für eine schlechte Axt gegeben, die ist ganz schief geworden."

Da erschrak der Vater und sprach: „Ach, was hast du gemacht! Nun muss ich die Axt bezahlen und weiß nicht, womit. Ist das der Nutzen, den ich von deiner Arbeit habe?"

„Seid mir nicht böse, Vater", antwortete der Sohn, „die Axt will ich schon bezahlen."

„Und wovon willst du sie bezahlen? Du hast nichts, als das, was ich dir gebe. Kluge Lehren stecken in deinem Kopf, aber vom Holzhacken verstehst du nichts."

Über ein Weilchen sprach der Jüngling: „Vater, ich bin müde, wir wollen lieber Feierabend machen."

„Ei was", antwortete der Alte, „meinst du, ich könnte die Hände in den Schoß legen wie du? Ich muss noch arbeiten, geh du nur heim, Faulpelz."

„Ach Vater, ich bin zum ersten Mal hier im Wald, ich weiß den Weg nicht allein, geht doch mit mir", bat der Sohn.

Weil sich sein Zorn gelegt hatte, ließ sich der Vater überreden und ging mit ihm heim. Später am Abend sprach er zum Sohn: „Geh morgen in die Stadt und verkaufe die Axt und sieh zu, was du dafür bekommst. Das Übrige muss ich verdienen, um sie dem Nachbarn zu bezahlen."

Der Sohn nahm die Axt und trug sie in die Stadt zu einem Goldschmied, der legte sie auf die Waage und sprach: „Sie ist vierhundert Taler wert, so viel habe ich nicht."

Der Jüngling antwortete: „Gebt mir, was Ihr habt, das Übrige will ich Euch borgen."

Der Goldschmied gab ihm dreihundert Taler und blieb einhundert schuldig.

Darauf ging der Jüngling frohen Herzens nach Hause und sprach: „Vater, ich habe Geld, geht und fragt, was der Nachbar für die Axt haben will."

„Das weiß ich schon", antwortete der Alte, „einen Taler, sechs Groschen."

„So gebt ihm zwei Taler zwölf Groschen, das ist das Doppelte und ist wohl genug. Denn seht, Vater, ich habe Geld im Überfluss." Er gab dem Vater einhundert Taler und sprach: „Es soll Euch niemals an etwas fehlen, lebt nach Eurer Bequemlichkeit."

„Mein Gott", sprach der Vater, „wie bist du nur zu diesem Reichtum gekommen?"

Da erzählte ihm der Sohn, wie sich alles zugetragen hatte, und wie er im Vertrauen auf sein Glück einen so reichen Fang gemacht hatte. Mit dem übrigen Geld aber zog er wieder auf die hohe Schule und lernte weiter. Und weil er mit seinem Läppchen alle Wunden heilen konnte, war er bald der berühmteste Doktor der ganzen Welt.

Der selbstsüchtige Riese

Jeden Nachmittag, gleich nach der Schule, gingen die Kinder in den Garten des Riesen, um dort zu spielen. Es war ein großer wunderschöner Garten mit weichem grünen Gras und Tausenden von Blumen, die wie Sterne strahlten. Auf der Wiese standen auch zwölf Pfirsichbäume, die im Frühling zartrosa blühten und im Herbst die herrlichsten Früchte trugen. Die Vögel im Garten sangen so lieblich, dass die Kinder ihr Spiel unterbrachen, um ihnen zuzuhören. „Wie glücklich wir hier sind!", riefen sie einander zu.

Doch eines Tages kam der Riese zurück. Er hatte seinen Freund, den Menschenfresser aus Cornwall, besucht und war ganze sieben Jahre bei ihm geblieben. Nach diesen sieben Jahren hatten sich die beiden alles erzählt, was sie zu erzählen hatten, denn mehr wussten sie nicht zu sagen, und da beschloss der Riese, nach Hause zurückzukehren. Als er an sein Haus kam, sah er die Kinder, die fröhlich im Garten spielten.

„Was wollt ihr hier?", schrie er mit mürrischer Stimme und die Kinder rannten ängstlich davon.

„Mein Garten ist nun mal mein Garten", erklärte der Riese. „Das muss doch jeder verstehen. Ich werde niemandem erlauben, ihn zu betreten, außer mir selbst!"

Daher baute er eine hohe Mauer um den Garten und stellte ein Schild auf, auf welchem geschrieben stand: Betreten strengstens verboten! Er war wirklich ein sehr selbstsüchtiger Riese.

Nun konnten die armen Kinder nirgendwo mehr spielen. Sie versuchten es auf der Straße, aber die war zu staubig und voller harter Steine, da gefiel es den Kindern nicht. Nach der Schule liefen sie oft um die hohe Gartenmauer herum und sprachen von dem wunderschönen Garten, der dahinter verborgen lag. „Wie glücklich wir dort doch waren!", sagten sie zueinander.

Dann kam der Frühling zurück ins Land und überall blühte es und die Vögel zwitscherten in den Bäumen.

Nur im Garten des Riesen blieb es Winter. Die Vögel wollten dort nicht singen, weil keine Kinder da waren, um zuzuhören. Auch die Bäume vergaßen zu blühen. Nur eine einzige Blume streckte ihr zartes Köpfchen aus dem Gras. Doch als sie das Schild sah und las, was dort geschrieben stand, hatte sie so großes Mitleid mit den Kindern, dass sie sich wieder in die Erde zurückzog und weiterschlief.

Die Einzigen, die sich im Garten des Riesen so richtig wohlfühlten, waren der Schnee und der Frost.

„Der Frühling hat diesen Garten wohl vergessen!", jubelten sie. „Jetzt können wir das ganze Jahr über hier bleiben."

Der Schnee hüllte das Gras in seinen weißen, kalten Mantel ein und der Frost zauberte silbernen Glanz an alle Bäume. Dann luden sie ihren Freund, den Nordwind, zu sich ein, und dieser kam mit Freuden. Er war ganz in warmes Fell gekleidet und tobte den ganzen Tag im Garten umher und blies die Schornsteine vom Dach.

„Welch ein herrlicher Ort!", rief er erfreut. „Wir sollten noch den Hagel auf einen Besuch bitten!"

Und so erschien der Hagel. Jeden Tag prasselte er drei Stunden lang auf das Dach und zerbrach die ganzen Ziegel, dann raste er durch den Garten, so schnell er nur konnte. Er war von Kopf bis Fuß grau gekleidet und sein Atem war kalt wie Eis.

„Warum kommt der Frühling dieses Jahr nur so spät?", wunderte sich der selbstsüchtige Riese, als er am Fenster saß und in seinen Garten hinabblickte. „Ich hoffe, das Wetter ändert sich bald."

Aber der Frühling und der Sommer kamen nicht. Der Herbst schenkte jedem Garten goldene Blätter und Früchte, doch den Garten des Riesen ließ er aus.

„Der Riese ist zu selbstsüchtig", sagte der Herbst. So blieb es immer Winter im Garten des Riesen und der Nordwind, der Hagel, der Frost und der Schnee tanzten und wirbelten durch die Bäume.

Eines Morgens erwachte der Riese in seinem Bett und hörte liebliche Musik. Es tönte so süß und melodisch in seinen Ohren, dass er dachte, die Musiker des Königs zögen durch die Straßen. In Wirklichkeit aber saß nur ein kleiner Hänfling auf dem Fensterbrett und sang. Doch der Riese hatte schon so lange kein Vogelgezwitscher mehr in seinem Garten gehört, dass ihm der zarte Gesang wie die schönste Musik der Welt erschien.

In diesem Augenblick hörte der Hagel auf, über ihm auf dem Dach zu tanzen, der Nordwind legte sich und wurde still und ein köstlicher Duft strömte durch das geöffnete Fenster zu ihm ins Zimmer.

„Ist nun doch endlich der Frühling gekommen?", freute sich der Riese, sprang aus dem Bett und blickte in seinen Garten.

Und was entdeckte er dort draußen?

Es war der schönste Anblick, den man sich denken konnte. Durch ein kleines Loch in der Mauer waren die Kinder in den Garten gestiegen und saßen nun in den Zweigen der Bäume. In jedem Baum konnte der Riese ein kleines Kind entdecken. Und die Bäume waren so froh, die Kinder wieder bei sich zu haben, dass sie sich über und über mit Blüten schmückten und ihre Zweige sanft über den Köpfen der Kinder hin- und her bewegten. Überall flatterten Singvögel umher und jubilierten. Die Blumen streckten lachend ihre Köpfchen aus dem grünen Gras und leuchteten in allen Farben. Es war ganz allerliebst anzusehen.

Nur im hintersten Winkel des Gartens war ein kleines Fleckchen Winter übrig geblieben. Dort stand ein kleiner Junge. Er war noch so klein, dass er nicht an die Zweige herankam und so lief er immer wieder um den Baum herum und weinte bitterlich. Der arme Baum war noch immer mit Schnee und Eis bedeckt und Nordwind pustete und heulte über ihn hinweg.

„Komm herauf, kleiner Junge!", bat der Baum und streckte seine Zweige so weit nach unten, wie er nur konnte, um ihm zu helfen. Doch der Junge war einfach zu klein.

Da schmolz das Herz des Riesen dahin und er erkannte: „Wie selbstsüchtig ich doch gewesen bin! Jetzt weiß ich, weshalb der Frühling nicht in meinen Garten kommen wollte. Ich will den kleinen Jungen auf die Spitze des Baumes setzen und dann werde ich die Mauer niederreißen und die Kinder dürfen von nun an immer in meinem Garten spielen!" Und er war wirklich sehr traurig über das, was er getan hatte.

Der Riese lief die Treppen hinab, öffnete sanft die Haustüre und ging in den Garten. Doch als die Kinder ihn sahen, bekamen sie so große Angst, dass alle davonliefen und der Winter in den Garten zurückkehrte.

Nur der kleine Junge lief nicht davon, denn seine Augen waren tränenblind und er konnte den Riesen nicht kommen sehen. Dieser nahm den Kleinen behutsam in seine Hände und setzte ihn auf dem höchsten Ast des Baumes ab. Augenblicklich begann der Baum zu blühen und die Vögel flogen herbei und fingen an zu singen. Der kleine Junge streckte seine Arme nach dem Riesen aus, umarmte ihn und küsste ihn auf die Wange. Als die anderen Kinder sahen, dass der Riese nicht länger böse war, kamen sie zurück, spielten im Garten und mit ihnen zog der Frühling ein.

„Von nun an ist es euer Garten", sagte der Riese zu den Kindern. Dann nahm er eine große Axt und hieb die Mauer in Stücke. Als die Leute zur Mittagszeit zum Markt gingen, sahen sie den Riesen mit den Kindern im Garten spielen – im schönsten Garten, den sie jemals gesehen hatten. Sie spielten den ganzen Tag und am Abend verabschiedeten sich die Kinder und wünschten dem Riesen eine gute Nacht.

„Wo ist denn euer Freund?", fragte der Riese. „Der kleine Junge, den ich auf den Baum gesetzt habe." Der Riese mochte den Kleinen am liebsten, weil er von ihm geküsst worden war.

„Das wissen wir nicht", antworteten die Kinder. „Er ist schon gegangen."

„Dann sagt ihm, er soll morgen unbedingt wiederkommen", bat der Riese.

Aber die Kinder erklärten, dass sie ihn noch nie zuvor gesehen hätten und nicht wussten, wo er wohne. Da war der Riese sehr traurig.

Jeden Nachmittag, gleich nach der Schule, spielten die Kinder nun im Garten des Riesen. Nur der kleine Junge, den der Riese am liebsten hatte, kam nie wieder.

Der Riese war freundlich zu allen Kindern und doch vermisste er seinen ersten kleinen Freund schmerzlich. Oft erzählte er den anderen Kindern von ihm. „Ach, wie gerne würde ich ihn wiedersehen!", seufzte er dann.

Die Jahre vergingen und der Riese wurde alt und schwach. Er konnte nicht mehr mit den Kindern im Garten herumtollen. So saß er in seinem riesigen Lehnstuhl, sah den Kindern beim Spielen zu und erfreute sich an seinem Garten. „Es gibt so viele schöne Blumen in meinem Garten", dachte er. „Aber das Schönste darin sind die Kinder!"

An einem Wintermorgen sah der Riese aus dem Fenster, während er sich warm anzog. Jetzt hasste er den Winter nicht mehr, da er wusste, dass der Frühling bald zurück-kehren würde und die Blumen nur eine kleine Pause machten.

Plötzlich rieb er sich verwundert die Augen. Er schaute und schaute. Und es war ein wahrhaft wundervoller Anblick: Im hintersten Winkel des Gartens stand ein Baum, der über und über mit weißen Blüten bedeckt war. Seine Zweige schimmerten golden und silberne Früchte hingen darin in Hülle und Fülle. Darunter stand der kleine Junge, den der Riese so sehr ins Herz geschlossen hatte.

Der Riese lief voller Freunde in den Garten. Er eilte über die Wiese und näherte sich dem Kind. Doch als er ganz nah bei ihm war, wurde sein Gesicht rot vor Zorn und er schrie: „Wer hat es gewagt, dich zu verletzen?"

Denn auf den Handflächen des Kleinen waren die Male von Nägeln zu sehen und auch die kleinen Füße trugen die Verletzungen von zwei Nägeln.

„Wer hat es gewagt, dich zu verletzen?", rief der Riese noch einmal. „Sag es mir, damit ich denjenigen mit meinem großen Schwert erschlagen kann."

„Das sollst du nicht", erwiderte der kleine Junge sanft, „denn dies sind die Wunden der Liebe!"

„Wer bist du?", fragte der Riese. Eine seltsame Scheu ergriff ihn und er kniete vor dem Jungen nieder.

Dieser lächelte den Riesen an und sagte: „Einst hast du mich in deinem Garten spielen lassen. Heute sollst du mit mir in meinen Garten kommen, denn dort ist das Paradies."

Als die Kinder am Nachmittag zum Spielen in den Garten kamen, fanden sie den Riesen tot im Garten. Er lag friedlich unter dem Baum und Tausende weißer Blüten bedeckten ihn.

Der Teufel mit den drei goldenen Haaren

Es war einmal eine arme Frau, die gebar ein Söhnlein, das kam als Glückskind zur Welt. Darüber freuten sich die Leute sehr. Dem Kinde wurde geweissagt, es werde in seinem vierzehnten Jahr die Tochter des Königs zur Frau bekommen.

Es trug sich zu, dass bald darauf der König ins Dorf kam, und niemand wusste, dass er es war, und als er die Leute fragte, was es zu feiern gäbe, so antworteten sie: „Es ist in diesen Tagen ein Glückskind geboren. Was immer er unternimmt, das schlägt ihm zum Glück aus. Es ist ihm auch vorausgesagt, in seinem vierzehnten Jahr die Tochter des Königs zur Frau zu bekommen."

Der König, der ein böses Herz hatte und sich über die Weissagung ärgerte, ging zu den Eltern, tat ganz freundlich und sagte: „Ihr armen Leute, überlasst mir euer Kind, ich will es versorgen."

Anfangs weigerten sie sich, da aber der fremde Mann schweres Gold dafür bot und sie dachten: „Es ist ein Glückskind, es muss doch zu seinem Besten sein", willigten sie endlich ein und gaben ihm das Kind.

Der König legte es in ein Körbchen und ritt damit weiter, bis er zu einem tiefen Wasser kam. Da warf er das Körbchen hinein und dachte bei sich: „Von dem unerwarteten Freier habe ich meine Tochter befreit."

Das Körbchen aber ging nicht unter, sondern schwamm wie ein Schiffchen, und es drang auch kein Tröpfchen Wasser hinein. So schwamm es bis zwei Meilen von des Königs Hauptstadt, wo eine Mühle war, an dessen Wehr sie hängen blieb. Ein Mahlbursche, der glücklicherweise da stand und das Körbchen bemerkte, zog es mit einem Haken heran und meinte große Schätze zu finden. Als er aber hineinblickte, lag ein schöner Knabe darin, der ganz frisch und munter war. Er brachte ihn zu den Müllersleuten, und weil diese keine Kinder hatten, freuten sie sich und sprachen: „Dieses Kind hat Gott uns beschert." Sie pflegten den Findling wohl, und er wuchs in allen Tugenden heran.

So vergingen viele Jahre. Es trug sich zu, dass der König einmal bei einem Gewitter in die Mühle trat und die Müllersleute fragte, ob der große Junge ihr Sohn wäre.

„Nein, Herr", antworteten sie, „es ist ein Findling, er ist vor vierzehn Jahren in einem Körbchen ans Wehr geschwommen, und der Mahlbursche hat ihn aus dem Wasser gezogen."

Da merkte der König, dass es niemand anders als das Glückskind war, das er ins Wasser geworfen hatte, und sprach: „Ihr guten Leute, könnte der Junge nicht einen Brief zur Frau Königin bringen, ich will ihm zwei Goldstücke zum Lohn geben?"

„Wie der Herr König gebietet", antworteten die Leute, und hießen den Jungen sich bereit zu machen. Da schrieb der König einen Brief an die Königin, worin stand: „Sobald der Knabe mit diesem Schreiben angelangt ist, soll er getötet und begraben werden, und das alles soll geschehen sein, ehe ich zurückkomme."

Der Knabe machte sich mit diesem Briefe auf den Weg, verirrte sich aber und kam abends in einen großen Wald. In der Dunkelheit sah er ein kleines Licht, ging darauf zu und gelangte zu einem Häuschen. Als er hineintrat, saß eine alte Frau beim Feuer ganz allein. Sie erschrak, als sie den Knaben erblickte, und sprach: „Wo kommst du her und wo willst du hin?"

„Ich komme von der Mühle", antwortete er. „Ich will zur Frau Königin, der ich einen Brief bringen soll. Weil ich mich aber in dem Walde verirrt habe, so wollte ich hier gerne übernachten."

„Du armer Junge", sprach die Frau, „du bist in ein Räuberhaus geraten, und wenn sie heim kommen, so bringen sie dich um."

„Mag kommen, wer will," sagte der Junge, „ich fürchte mich nicht. Ich bin so müde, dass ich nicht weiterkann." Dann streckte er sich auf einer Bank aus und schlief ein.

Bald hernach kamen die Räuber und fragten zornig, was da für ein fremder Knabe läge.

„Ach", sagte die Alte, „es ist nur ein Kind, es hat sich im Walde verirrt, und ich habe ihn aus Barmherzigkeit aufgenommen. Er soll einen Brief zur Frau Königin bringen."

Da brachen die Räuber das Siegel und lasen den Brief, und es stand darin, dass der Knabe sogleich, wie er ankäme, sollte ums Leben gebracht werden. Da empfanden die hartherzigen Räuber Mitleid, und der Anführer zerriss den Brief und schrieb einen andern. Darin stand, sowie der Knabe ankäme, sollte er sogleich mit der Königstochter vermählt werden. Sie ließen ihn dann ruhig bis zum andern Morgen auf der Bank liegen, und als er aufgewacht war, gaben sie ihm den Brief und zeigten ihm den rechten Weg.

Die Königin aber, als sie den Brief empfangen und gelesen hatte, tat, wie darin stand, hieß ein prächtiges Hochzeitsfest veranstalten, und die Königstochter ward mit dem Glückskind vermählt. Da der Jüngling schön und freundlich war, so lebte sie auch vergnügt und zufrieden mit ihm.

Nach einiger Zeit kam der König wieder in sein Schloss und sah, dass sich die Weissagung erfüllt und das Glückskind mit seiner Tochter vermählt war.

„Wie ist das nur zugegangen?", rief er wütend. „Ich habe in meinem Brief einen ganz andern Befehl erteilt."

Da reichte ihm die Königin den Brief und sagte, er möchte selbst sehen, was darin stände. Der König las den Brief und merkte, dass er vertauscht worden war.

Er fragte den Jüngling, wie es mit dem anvertrauten Briefe zugegangen wäre, warum er einen andern dafür gebracht hätte.

„Ich weiß von nichts", antwortete er. „Er muss mir in der Nacht vertauscht worden sein, als ich im Walde geschlafen habe."

Voll Zorn sprach der König: „So leicht soll es dir nicht werden, wer meine Tochter haben will, der muss mir aus der Hölle drei goldene Haare von dem Haupte des Teufels holen. Bringst du mir, was ich verlange, so sollst du meine Tochter behalten."

Damit hoffte der König ihn auf immer loszuwerden.

Das Glückskind aber antwortete: „Die goldenen Haare will ich wohl holen, ich fürchte mich vor dem Teufel nicht." Darauf nahm er Abschied von seiner Frau und begann seine Wanderschaft.

Der Weg führte ihn zu einer großen Stadt, wo ihn der Wächter an dem Tore ausfragte, was für ein Gewerbe er verstände und was er wüsste.

„Ich weiß alles", antwortete das Glückskind.

„So kannst du uns einen Gefallen tun", sagte der Wächter. „Wenn du uns sagst, warum unser Marktbrunnen, aus dem sonst Wein quoll, trocken geworden ist, und nicht einmal mehr Wasser gibt."

„Das sollt ihr erfahren", antwortete er. „Wartet nur, bis ich wiederkomme." Da ging er weiter und kam vor eine andere Stadt, da fragte der Torwächter wiederum, was für ein Gewerbe er verstünde und was er wüsste.

„Ich weiß alles", antwortete er.

„So kannst du uns einen Gefallen tun und uns sagen, warum ein Baum in unserer Stadt, der sonst goldene Äpfel trug, jetzt nicht einmal Blätter hervortreibt."

„Das sollt ihr erfahren", antwortete er. „Wartet nur, bis ich wiederkomme." Da ging er weiter, und kam an ein großes Wasser, über das er hinüber musste. Der Fährmann fragte ihn, was er für ein Gewerbe verstände und was er wüsste.

„Ich weiß alles", antwortete er.

„So kannst du mir einen Gefallen tun", sprach der Fährmann, „und mir sagen, warum ich immer hin- und herfahren muss und niemals abgelöst werde."

„Das sollst du erfahren", antwortete er. „Warte nur, bis ich wiederkomme."

Als er über das Wasser hinüber war, so fand er den Eingang zur Hölle. Es war schwarz und rußig darin, und der Teufel war nicht zu Haus, aber seine Ellermutter saß da in einem breiten Sorgenstuhl.

„Was willst du hier?", sprach sie zu ihm, sah aber gar nicht so böse aus.

„Ich wollte gerne drei goldene Haare von des Teufels Kopf", antwortete er. „Sonst kann ich meine liebe Frau nicht behalten."

„Das ist viel verlangt", sagte sie. „Wenn der Teufel heimkommt und findet dich, so geht es dir an den Kragen. Aber du dauerst mich, ich will sehen, ob ich dir helfen kann."

Sie verwandelte ihn in eine Ameise und sprach. „Kriech in meine Rockfalten, da bist du sicher."

„Ja", antwortete er, „das ist schon gut, aber drei Dinge möchte ich gerne noch wissen: Warum ein Brunnen, aus dem sonst Wein quoll, trocken geworden ist, jetzt nicht einmal mehr Wasser gibt; warum ein Baum, der sonst goldene Äpfel trug, nicht einmal mehr Laub treibt; und warum ein Fährmann immer herüber- und hinüberfahren muss und nicht abgelöst wird."

„Das sind schwere Fragen", antwortete sie. „Aber halte dich nur still und ruhig, und hab acht, was der Teufel spricht, wenn ich ihm die drei goldenen Haare ausziehe."

Als es Abend wurde, kam der Teufel nach Haus. Kaum war er eingetreten, so merkte er, dass die Luft nicht rein war. „Ich rieche rieche Menschenfleisch", sagte er. „Es ist hier nicht richtig." Dann guckte er in alle Ecken und suchte, konnte aber nichts finden. Die Ellermutter schalt ihn aus: „Eben ist erst gekehrt", sprach sie, „und alles in Ordnung gebracht, nun wirfst du mir's wieder untereinander. Immer hast du Menschenfleisch in der Nase! Setze dich nieder und iss dein Abendbrot!"

Als er gegessen und getrunken hatte, war er müde, legte der Ellermutter seinen Kopf in den Schoß und sagte, sie sollte ihn ein wenig lausen. Es dauerte nicht lange, so schlummerte er ein, blies und schnarchte. Da fasste die Alte ein goldenes Haar, riss es aus und legte es neben sich.

„Autsch!", schrie der Teufel. „Was hast du vor?"

„Ich habe einen schweren Traum gehabt", antwortete die Ellermutter. „Da hab ich dir in die Haare gefasst."

„Was hat dir denn geträumt?", fragte der Teufel.

„Mir hat geträumt, ein Marktbrunnen, aus dem sonst Wein quoll, sei versiegt, und es habe nicht einmal Wasser daraus quellen wollen, was ist wohl schuld daran?"

„Ha, wenn sie es wüssten!", antwortete der Teufel. „Es sitzt eine Kröte unter einem Stein im Brunnen, wenn sie die töten, so wird der Wein schon wieder fließen."

Die Ellermutter lauste ihn wieder, bis er einschlief und schnarchte, dass die Fenster zitterten. Da riss sie ihm das zweite Haar aus.

„Heh! Was machst du?", schrie der Teufel zornig.

„Nimm's nicht übel", antwortete sie. „Ich habe es im Traum getan."

„Was hat dir wieder geträumt?", fragte er.

„Mir hat geträumt, in einem Königreiche stände ein Obstbaum, der hätte sonst goldene Äpfel getragen und wollte jetzt nicht einmal Laub treiben. Was war wohl die Ursache davon?"

„Ha, wenn sie es wüssten!", antwortete der Teufel. „An der Wurzel nagt eine Maus, wenn sie die töten, so wird er schon wieder goldene Äpfel tragen, nagt sie aber noch länger, so verdorrt der Baum gänzlich. Aber lass mich mit deinen Träumen in Ruhe, wenn du mich noch einmal im Schlafe störst, so kriegst du eine Ohrfeige."

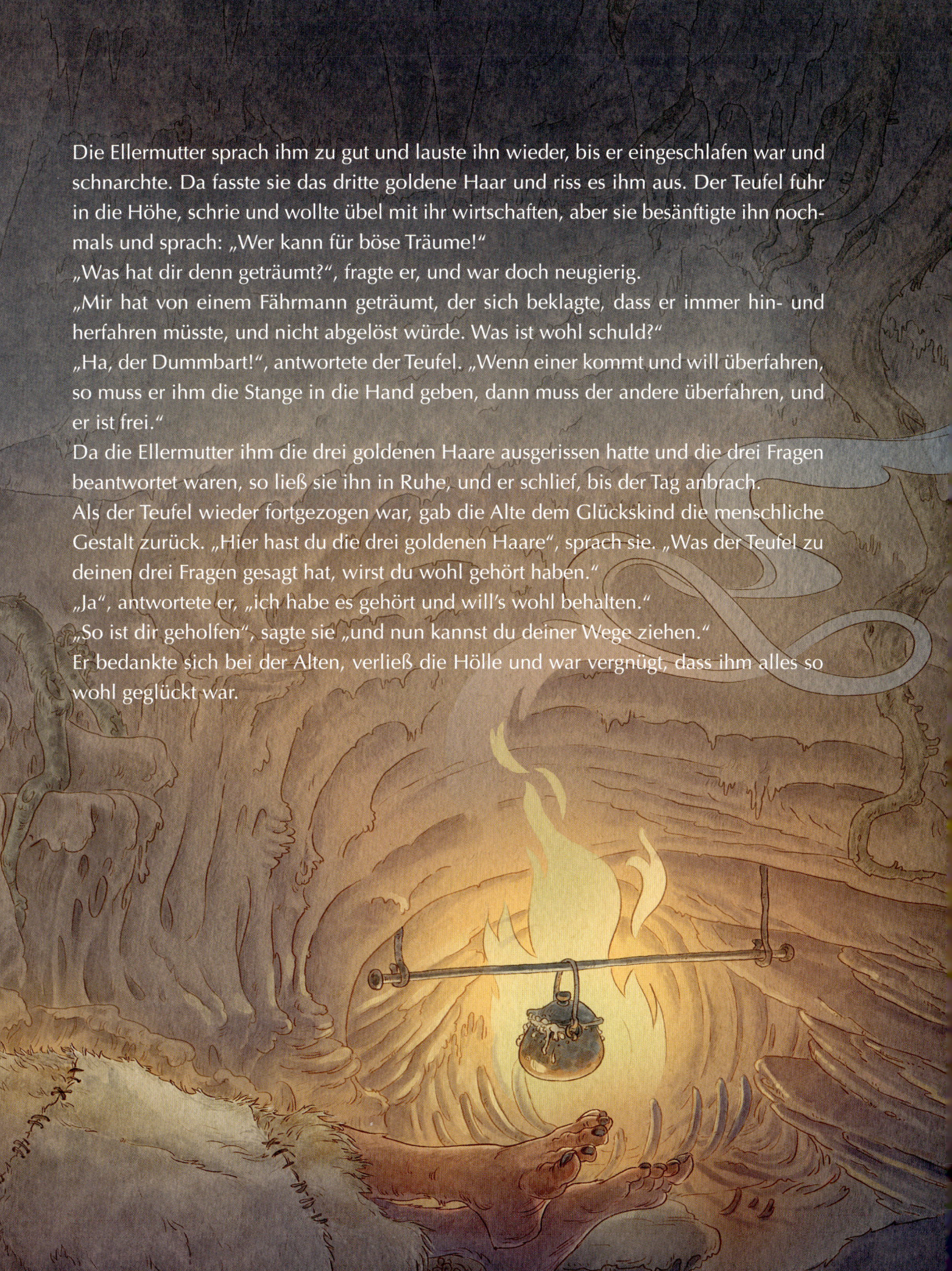

Die Ellermutter sprach ihm zu gut und lauste ihn wieder, bis er eingeschlafen war und schnarchte. Da fasste sie das dritte goldene Haar und riss es ihm aus. Der Teufel fuhr in die Höhe, schrie und wollte übel mit ihr wirtschaften, aber sie besänftigte ihn nochmals und sprach: „Wer kann für böse Träume!"

„Was hat dir denn geträumt?", fragte er, und war doch neugierig.

„Mir hat von einem Fährmann geträumt, der sich beklagte, dass er immer hin- und herfahren müsste, und nicht abgelöst würde. Was ist wohl schuld?"

„Ha, der Dummbart!", antwortete der Teufel. „Wenn einer kommt und will überfahren, so muss er ihm die Stange in die Hand geben, dann muss der andere überfahren, und er ist frei."

Da die Ellermutter ihm die drei goldenen Haare ausgerissen hatte und die drei Fragen beantwortet waren, so ließ sie ihn in Ruhe, und er schlief, bis der Tag anbrach.

Als der Teufel wieder fortgezogen war, gab die Alte dem Glückskind die menschliche Gestalt zurück. „Hier hast du die drei goldenen Haare", sprach sie. „Was der Teufel zu deinen drei Fragen gesagt hat, wirst du wohl gehört haben."

„Ja", antwortete er, „ich habe es gehört und will's wohl behalten."

„So ist dir geholfen", sagte sie „und nun kannst du deiner Wege ziehen."

Er bedankte sich bei der Alten, verließ die Hölle und war vergnügt, dass ihm alles so wohl geglückt war.

Als er zu dem Fährmann kam, sollte er ihm die versprochene Antwort geben.

„Fahr mich erst hinüber", sprach das Glückskind. „So will ich dir sagen, wie du erlöst wirst." Als er am Ufer angelangt war, gab er ihm des Teufels Rat: „Wenn wieder einer kommt und will übergefahren sein, so gib ihm nur die Stange in die Hand."

Er ging weiter und kam zu der Stadt, worin der unfruchtbare Baum stand, und wo der Wächter auch Antwort haben wollte. Da sagte er ihm, wie er vom Teufel gehört hatte. „Tötet die Maus, die an seiner Wurzel nagt, so wird er wieder goldene Äpfel tragen." Da dankte ihm der Wärter und gab ihm zur Belohnung zwei mit Gold beladene Esel.

Zuletzt kam er zu der Stadt, deren Brunnen versiegt war. Da sprach er zu dem Wächter, wie der Teufel gesprochen hatte. „Es sitzt eine Kröte im Brunnen unter einem Stein, die müsst ihr aufsuchen und töten, so wird er wieder reichlich Wein geben." Der Wächter dankte und gab ihm ebenfalls zwei mit Gold beladene Esel.

Endlich langte das Glückskind daheim bei seiner Frau an, die sich herzlich freute, als sie ihn wiedersah und hörte, wie wohl ihm alles gelungen war. Dem König brachte er, was er verlangt hatte, die drei goldenen Haare des Teufels, und als dieser die vier Esel mit dem Golde sah, ward er ganz vergnügt und sprach: „Nun sind alle Bedingungen erfüllt und du kannst meine Tochter behalten. Aber, lieber Schwiegersohn, sage mir doch, woher ist das viele Gold? Das sind ja gewaltige Schätze!"

„Ich bin über einen Fluss gefahren", antwortete er. „Von da habe ich es mitgenommen, es liegt dort statt des Sandes am Ufer."

„Kann ich mir auch davon holen", sprach der König und war ganz begierig.

„So viel Ihr nur wollt", antwortete er. „Es ist ein Fährmann auf dem Fluss, von dem lasst Euch überfahren, so könnt Ihr drüben Eure Säcke füllen."

Der habsüchtige König machte sich in aller Eile auf den Weg, und als er zu dem Fluss kam, so winkte er dem Fährmann, der sollte ihn übersetzen. Der Fährmann kam und hieß ihn einsteigen, und als sie an das jenseitige Ufer kamen, gab er ihm die Ruderstange in die Hand und sprang davon.
Der König aber musste von nun an fahren zur Strafe für seine Sünden. Fährt er wohl noch? Es wird ihm wohl niemand die Stange abgenommen haben.

Die wilden Schwäne

In einem fernen Land, wohin die Schwalben fliegen, wenn wir Winter haben, herrschte einst ein König. Er hatte elf Söhne und eine Tochter, die hieß Elisa. Die elf Brüder waren Prinzen und gingen mit einem Stern auf der Brust und dem Säbel an der Seite in die Schule. Sie schrieben mit Diamantgriffeln auf goldene Tafeln und konnten ebenso gut auswendig lernen wie lesen. Ihre Schwester Elisa saß auf einem Schemel von Spiegelglas und blätterte in einem Bilderbuch, welches das halbe Königreich gekostet hatte. Es ging ihnen wohl, aber als ihre Mutter starb, vermählte sich der König mit einer bösen Königin, die den Kindern nicht gut war. Gleich am ersten Tag, als die Kinder im prächtigen Schloss „Es kommt Besuch" spielten, bekamen sie nicht wie sonst Kuchen und Bratäpfel, so viel sie wollten. Die neue Königin gab ihnen nur Sand in einer Teetasse und sagte, sie sollten so tun, als ob das etwas wäre.

In der Woche darauf brachte sie Elisa zu Bauersleuten aufs Land und es währte nicht lange, da hatte sie dem König so viel von den armen Prinzen eingeflüstert, dass er sich gar nichts mehr aus ihnen machte.

„Fliegt hinaus in die Welt und sorgt selbst für euch!", sagte die böse Königin zu den Prinzen. „Fliegt als große Vögel ohne Stimme!"

Aber sie konnte es doch nicht so schlimm machen, wie sie gerne wollte, denn sie wurden elf wunderschöne wilde Schwäne.

Mit einem sonderbaren Schrei flogen sie zu den Schlossfenstern hinaus über den Park und über den Wald. Es war noch ganz früh am Morgen, als sie dort vorbeikamen, wo ihre Schwester Elisa in der Stube des Bauernhofes lag und schlief. Sie schwebten über dem Dach und schlugen mit den Flügeln, aber niemand sah oder hörte es. Sie mussten weiterfliegen, weit hinaus in die Welt und in einen großen, dunklen Wald, der sich bis an den Strand des Meeres erstreckte.

Elisa stand in der Stube des Bauern und spielte mit einem grünen Blatt, anderes Spielzeug hatte sie nicht. Sie stach ein Loch in das Blatt und sah hindurch zu der Sonne empor; da war es, als sähe sie die klaren Augen ihrer Brüder. Und die warmen Sonnenstrahlen berührten ihre Wangen wie ein Kuss von ihnen.

Ein Tag verging wie der andere. Wehte der Wind durch die Rosenhecken vor dem Hause, dann flüsterte er den Rosen zu: „Wer kann schöner sein als ihr?"

Aber die Rosen schüttelten den Kopf und sagten: „Elisa ist schöner!"

Und wenn die Bäuerin am Sonntag in ihrem Gesangbuch las, dann wendete der Wind die Blätter um und sagte zu dem Buch: „Wer ist frommer als du?"

„Elisa ist frommer", antwortete das Buch.

Als Elisa fünfzehn Jahre alt war, sollte sie zurück nach Hause, doch als die Königin sah, wie schön sie war, erblasste sie vor Neid und Hass. Am liebsten hätte sie Elisa auch in einen wilden Schwan verwandelt, aber das wagte sie nicht, weil ja der König seine Tochter sehen wollte.

Frühmorgens ging die Königin in das prächtig ausgestattete Bad. Sie nahm drei Kröten, küsste sie und sprach zu der einen: „Setze dich auf Elisas Kopf, wenn sie ins Bad kommt, damit sie dumm wird wie du. Setze dich auf ihre Stirn", sagte sie zu der Zweiten, „damit sie hässlich wird wie du und ihr Vater sie nicht wiedererkennt! Ruhe an ihrem Herzen", flüsterte sie der Dritten zu, „lass sie einen bösen Sinn bekommen und dadurch Qualen erleiden!"

Danach setzte sie die Kröten in das klare Wasser, das sogleich eine grünliche Farbe bekam. Dann rief sie Elisa, kleidete sie aus und ließ sie in das Wasser steigen. Die erste Kröte setzte sich in Elisas Haar, die zweite auf ihre Stirn und die dritte auf ihre Brust. Aber Elisa schien dies gar nicht zu merken und als sie sich aufrichtete, schwammen drei Mohnblüten auf dem Wasser. Wären die Tiere nicht vom Kuss der Hexe vergiftet, hätten sie sich in Rosen verwandelt. Aber zu Blumen wurden sie doch, da sie an Elisas Haupt und ihrem frommen Herzen geruht hatten.

Als die Königin das sah, rieb sie das Mädchen mit Walnusssaft ein, sodass sie ganz

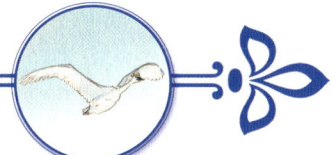

schwarz wurde, bestrich ihr Gesicht mit einer stinkenden Salbe und verfilzte das schöne Haar. Es war unmöglich, Elisa wiederzuerkennen. Der Vater erschrak und sagte, das sei nicht seine Tochter. Nur die Kettenhunde und die Schwalben erkannten sie, aber die hatten nichts zu sagen.

Elisa weinte und dachte an ihre Brüder. Betrübt stahl sie sich aus dem Schloss und ging den ganzen Tag über Feld und Moor, bis sie in den großen Wald kam. Wohin sollte sie sich wenden? Sie sehnte sich nach ihren Brüdern, die wollte sie suchen und finden.

Die Nacht brach an und sie war vom Weg abgekommen; da legte sie sich auf das weiche Moos und sprach ihr Abendgebet. Still war es, die Luft war mild und in den Büschen leuchteten Hunderte von Johanniswürmchen.

Als sie einen Zweig leise mit der Hand berührte, fielen die leuchtenden Insekten wie Sternschnuppen zu ihr herab. Die ganze Nacht träumte sie von ihren Brüdern und spielte wieder mit ihnen; sie schrieben auf goldenen Tafeln und blätterten in dem herrlichen Bilderbuch. Als Elisa erwachte stand die Sonne schon hoch. Das konnte sie freilich nicht sehen, denn hohe Bäume breiteten ihre Zweige dicht und fest über ihr aus. Sie hörte Wasser plätschern und folgte den Quellen, die alle in einem See mündeten. An einer Stelle hatten Hirsche eine Öffnung in die Büsche gemacht, dort ging Elisa zum Wasser hin. Es war so klar, dass sie hätte glauben können, die Büsche und Zweige wären auf dem Boden des Sees abgemalt, so deutlich spiegelte sich jedes Blatt.

Sobald Elisa jedoch ihr eigenes Gesicht sah, erschrak sie, weil es so braun und hässlich war. Aber als sie ihre Hand benetzte und sich Augen und Stirn rieb, schimmerte die weiße Haut wieder hervor. Rasch legte sie die Kleider ab und stieg in das frische Wasser; ein schöneres Königskind gab es nicht unter der Sonne!

Sobald sie wieder angekleidet war und ihr Haar geflochten hatte, trank sie aus der sprudelnden Quelle und wanderte in den Wald hinein, ohne zu wissen, wohin. Sie stillte ihren Hunger mit Wildäpfeln und ging noch tiefer in den Wald, wo es so still war, dass sie ihre eigenen Fußtritte hören konnte. Kein Vogel war zu hören, kein Sonnenstrahl drang durch die dunklen Zweige. Es wurde Nacht im einsamen Wald, kein einziges Johanniswürmchen schimmerte aus dem Moos, als Elisa sich betrübt schlafen legte. Da war es ihr, als ob der liebe Gott durch die Zweige auf sie herabblickte und unter seinen Armen kleine Engel hervorlugten.

Am anderen Morgen ging sie weiter, da begegnete sie einer alten Frau mit Beeren in ihrem Korb. Die Alte gab ihr einige davon und Elisa fragte, ob sie nicht elf Prinzen durch den Wald habe reiten sehen.

„Nein", erwiderte die Alte, „aber ich sah gestern elf Schwäne mit Goldkronen den Bach hier in der Nähe herabschwimmen." Sie führte Elisa zu einem Flüsschen und Elisa folgte dem Wasser, bis sich dieses in die offene See ergoss. Aber wie sollte sie weiterkommen? Kein Segelschiff ließ sich blicken, kein Boot war zu sehen. Auf dem angespülten Seegras lagen elf Schwanenfedern, die sammelte sie zu einem Strauß, schaute auf das Meer und wartete. Als die Sonne unterzugehen begann, sah Elisa elf wilde Schwäne mit Goldkronen auf dem Kopfe hintereinander, wie ein langes weißes Band, dem Land zufliegen.

Elisa versteckte sich rasch hinter einem Busch; die Schwäne ließen sich nahe bei ihr nieder und schlugen mit den Schwingen. Sowie die Sonne in das Wasser getaucht war, fielen die Schwanengefieder ab und elf schöne Prinzen standen am Meeresstrand.

Elisa stieß einen Schrei aus, denn sie wusste, dass es ihre Brüder waren. Dann sprang sie in ihre Arme und nannte sie bei ihren Namen.

Wie glücklich waren die Prinzen, als sie ihre kleine Schwester sahen, die nun groß und schön war. Sie lachten und weinten und erzählten sich, wie böse ihre Stiefmutter gegen sie alle gewesen war.

„Wir Brüder", sagte der Älteste, „fliegen als Schwäne, so lange die Sonne am Himmel steht. Sobald sie untergegangen ist, bekommen wir unsere menschliche Gestalt wieder. Deshalb müssen wir bei Sonnenuntergang eine Ruhestätte haben, denn wenn wir dann am Himmel flögen, müssten wir in die Tiefe stürzen. Wir wohnen nicht hier, sondern in einem schönen Land jenseits der See. Der Weg dorthin ist weit, wir müssen über das große Wasser und es gibt nur eine einsame Klippe, die ragt auf halbem Weg empor. Sie ist so klein, dass wir darauf nur Seite an Seite ruhen können. Dort übernachten wir in Menschengestalt.

Wenn wir diese Klippe nicht hätten, könnten wir niemals unsere liebe Heimat wiedersehen, denn zwei von den längsten Tagen des Jahres brauchen wir für unseren Flug. Elf Tage dürfen wir bleiben, über diesem Wald und das Schloss sehen, in dem wir geboren wurden und wo unser Vater wohnt. Hier sind die Bäume und Büsche mit uns bekannt, hier haben wir als Kinder getanzt und hier haben wir dich gefunden, liebe Schwester. Zwei Tage dürfen wir noch bleiben, dann müssen wir fort über das Meer. Wie bekommen wir dich nur mit? Wir haben weder Schiff noch ein Boot."

Darüber berieten sie lange, ehe sie einschliefen. Elisa erwachte am anderen Morgen von dem Rauschen der Schwanenflügel, die über sie hinwegbrausten.

Die Brüder waren wieder verwandelt und flogen fort. Nur der Jüngste blieb zurück und

legte seinen Kopf in ihren Schoß. Sie streichelte seine weißen Flügel, den ganzen Tag waren sie zusammen. Erst gegen Abend kamen die anderen zurück und bei Sonnenuntergang wurden sie wieder zu Menschen.

„Morgen fliegen wir fort und erst in einem Jahr kommen wir zurück. Aber wir können dich doch nicht hierlassen. Hast du Mut, mit uns zu kommen? Sollten wir nicht alle zusammen so starke Flügel haben, dass wir mit dir über das Meer fliegen könnten?"

„Oh ja, nehmt mich mit!", bat Elisa. Die ganze Nacht hindurch flochten sie ein großes Netz aus zähem Schilf. Elisa legte sich darauf und als die Sonne aufging und die Brüder in wilde Schwäne verwandelt wurden, ergriffen sie das Netz mit den Schnäbeln und flogen mit ihrer Schwester hoch zu den Wolken empor.

Die Sonnenstrahlen fielen auf ihr Antlitz, deshalb flog einer der Schwäne über ihrem Kopf, damit seine Flügel ihr Schatten spenden konnten. Sie waren schon weit vom Land entfernt, als Elisa erwachte. Neben ihr lagen ein Zweig mit roten Beeren und ein Bündel wohlschmeckender Wurzeln, die hatte der jüngste Bruder für sie gesammelt.

Die Schwäne flogen wie ein Pfeil durch die Luft, aber es ging langsamer als sonst, denn jetzt hatten sie die Schwester zu tragen.

Der Abend brach an und ein Unwetter zog auf. Ängstlich sah Elisa die Sonne sinken und noch war die Klippe im Meer nicht zu erspähen.

Es schien ihr, als machten die Schwäne stärkere Schläge mit den Flügeln. Ach, sie war schuld daran, dass sie nicht schnell genug vorankamen. Bei Sonnenuntergang würden ihre Brüder zu Menschen werden, ins Meer stürzen und ertrinken. Da betete sie aus innigstem Herzen zu Gott. Jetzt war die Sonne schon halb im Meer versunken, da schossen die Schwäne so schnell hinab, dass Elisa zu fallen glaubte. Da erblickte sie die Klippe. Als ihr Fuß den festen Boden berührte, erlosch die Sonne wie der letzte Funke eines brennenden Stückes Papier. Arm in Arm sah sie die Brüder um sich stehen, mehr Platz war nicht da. Die raue See schlug gegen die Klippe, fortwährend zuckte der Blitz und Schlag auf Schlag rollte der Donner. Schwester und Brüder hielten sich an Händen und sangen ein Lied, aus dem sie Trost und Mut schöpften.

In der Morgendämmerung war die Luft rein und still und sobald die Sonne aufging, flogen die Schwäne mit Elisa von der Insel fort.

Lange bevor die Sonne wieder unterging, sah Elisa das Land. Dort erhoben sich blaue Berge mit Zedernwäldern, Städten und Schlössern. Bald darauf saßen sie auf den Felsen vor einer großen Höhle, die mit grünen Schlingpflanzen bewachsen war. Es sah aus, als wären es gestickte Teppiche.

„Nun wollen wir einmal sehen, was du diese Nacht träumst", sagte der jüngste Bruder. „Gebe der Himmel, dass ich träumen möge, wie ich euch erlösen kann!", sagte sie und betete inständig zu Gott um Hilfe.

Da war es ihr im Traum, als käme ihr eine Fee entgegen, schön und glänzend und doch glich sie der alten Frau, die ihr im Wald die Beeren gegeben und ihr von den Schwänen mit den goldenen Kronen erzählt hatte.

„Deine Brüder können erlöst werden", sagte sie. „Aber hast du Mut und Ausdauer? Denn deine Hände werden größten Schmerz fühlen, dein Herz wird Angst und Qualen erleiden. Siehst du diese Brennnesseln? Sie wachsen rings um diese Höhle, nur diese und solche, die auf des Kirchhofs Gräbern wachsen, sind tauglich, merke dir das! Die musst du pflücken, obgleich dir die Haut zu Blasen verbrennen wird. Brich die Nesseln mit den Füßen, dann erhältst du Flachsfasern. Aus dem Flachs musst du elf Panzerhemden mit langen Ärmeln flechten. Wirfst du diese über die elf Schwäne, so ist der Zauber gelöst.

Aber bedenke wohl, dass du von dem Augenblick an, wo du die Arbeit beginnst, bis sie vollendet ist, nicht sprechen darfst. Das erste Wort, das du sagst, fährt wie ein tötender Dolch in das Herz deiner Brüder. An deiner Zunge hängt ihr Leben. Merke dir das!" Sie berührte die Hand des Mädchens mit der Nessel, das war wie ein brennendes Feuer.

Elisa erwachte dadurch, es war heller Tag und neben ihr lag eine Nessel, wie sie eine im Traum gesehen hatte. Da dankte sie dem lieben Gott und ging, um ihre Arbeit zu beginnen. Mit ihren feinen Händen griff sie in die hässlichen Nesseln, die Blasen auf Hände und Arme brannten. Aber das wollte sie erdulden, wenn sie nur ihre Brüder erlösen konnte. Sie trat und brach jede Nessel mit den nackten Füßen und fing an, die grünen Flachsfasern zu flechten.

Als die Sonne untergegangen war, kamen ihre Brüder. Sie erschraken, als sie sie so stumm fanden und glaubten, es sei ein neuer Zauber der bösen Stiefmutter. Aber als sie ihre Hände erblickten, begriffen sie, was sie um ihretwillen tat. Der jüngste Bruder weinte und wohin seine Tränen fielen, fühlte sie keine Schmerzen mehr. Die Nacht verbrachte sie mit ihrer Arbeit, denn sie hatte keine Ruhe, bevor sie die Brüder erlöst hatte.

Auch den ganzen folgenden Tag flocht sie weiter und als das erste Panzerhemd fertig war, fing sie das zweite an. Da erklang ein Jagdhorn in den Bergen. Sie erschrak und als der Klang näher kam, floh sie in die Höhle, band die Nesseln, die sie gesammelt hatte, zusammen und setzte sich darauf. Plötzlich sprangen Hunde aus dem Gestrüpp hervor und bellten. Bald standen die Jäger vor der Höhle und der schönste unter ihnen war der König des Landes.

Er trat vor Elisa hin, noch nie hatte er ein so schönes Mädchen gesehen. „Wie bist du hierhergekommen, du wunderschönes Kind?", fragte er.

Elisa schüttelte nur den Kopf und verbarg die Hände unter der Schürze, damit der König ihre Qualen nicht sehen sollte.

„Komm mit mir!", sagte er. „Hier darfst du nicht bleiben. Bist du so gut, wie du schön bist, so will ich dich in Samt und Seide kleiden und dir eine goldene Krone auf das Haupt setzen." Damit hob er sie auf sein Pferd.

Sie weinte, aber der König sagte: „Ich will nur dein Glück. Einst wirst du mir dafür danken!" Und dann jagte er fort mit ihr durch die Berge und die Jäger jagten hinterdrein.

Der König führte Elisa in das Schloss, wo große Springbrunnen in den Marmorsälen plätscherten und an den Wänden prächtige Gemälde prangten. Aber sie hatte keine Augen dafür, weinte und trauerte. Willenlos ließ sie sich von den Frauen in prächtige Gewänder kleiden, Perlen ins Haar flechten und feine Handschuhe über die verbrannten Hände ziehen. Als sie in all ihrer Pracht dastand, war sie so schön, dass der Hof sich tief vor ihr verneigte.

Der König erkor sie zu seiner Braut, obwohl der Erzbischof den Kopf schüttelte und flüsterte, dass das schöne Waldmädchen gewiss eine Hexe sei.

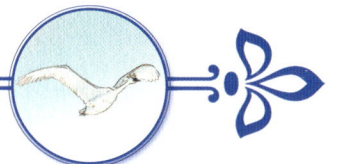

Aber der König hörte nicht auf ihn, ließ Musik ertönen und köstliche Gerichte auftragen. Dann wurde sie durch prächtige Gärten und Säle geführt, aber nicht ein Lächeln kam über ihre Lippen, wie ein Bild der Trauer stand sie da.

Endlich öffnete der König eine kleine Kammer neben ihrem Schlafgemach. Die war mit grünen Teppichen geschmückt und glich der Höhle, in der er sie gefunden hatte. Auf dem Boden lag das Bund Flachs und an der Decke hing das Panzerhemd, das fertig geknüpft war. Die Jäger hatten es aus Kuriosität mitgenommen.

„Hier kannst du dich in deine frühere Heimat zurückträumen", sagte der König. „Hier ist auch die Arbeit, die dich dort beschäftigte. Es wird dich belustigen, an jene Zeit zurückzudenken."

Da spielte ein Lächeln um Elisas Mund und das Blut kehrte in ihre Wangen zurück. Sie dachte an die Erlösung ihrer Brüder und küsste die Hand des Königs. Er drückte sie an sein Herz und ließ das Hochzeitsfest verkünden; das stumme Mädchen aus dem Wald wurde die Königin des Landes.

Der Erzbischof flüsterte böse Worte in des Königs Ohr, aber er hörte sie nicht. Die Hochzeit sollte stattfinden und der Erzbischof selbst musste Elisa die Krone auf das Haupt setzen. Er drückte mit bösem Sinn den engen Ring so fest auf ihre Stirn nieder, dass es schmerzte, aber sie fühlte nicht die körperlichen Leiden. Sie dachte an ihre Brüder und ihr Mund blieb stumm. Nur in ihren Augen lag eine tiefe Liebe zu dem König, der alles tat, um sie zu erfreuen.

Mit jedem Tag gewann sie ihn lieber, indes stumm musste sie sein, stumm musste sie ihr Werk vollführen. Deshalb schlich sie sich des Nachts von seiner Seite, ging in die kleine Kammer und flocht ein Panzerhemd nach dem anderen fertig. Aber als sie mit dem siebenten begann, hatte sie keinen Flachs mehr.

Auf dem Kirchhof, das wusste sie, wuchsen die Nesseln, die sie nötig hatte, aber sie musste sie selbst pflücken und wie sollte sie dorthin gelangen? In großer Angst schlich sie sich in einer mondhellen Nacht in den Garten und ging durch einsame Straßen nach dem Kirchhof hinaus. Da sah sie auf einem großen Grabstein einen Kreis Lamien, hässliche Hexengestalten, sitzen. Elisa musste nahe an ihnen vorbei, aber sie sprach ein Gebet, sammelte ihre Nesseln und trug sie zum Schloss.

Nur ein einziger Mensch hatte sie gesehen, der Erzbischof, der wachte, wenn andere schliefen. Nun hatte er doch recht in seiner Meinung, dass die Königin eine Hexe sei, die den König und das ganze Volk betöre. Im Beichtstuhl sagte er dem König, was er gesehen hatte und was er fürchtete.

Da rollten zwei schwere Tränen des Königs Wangen herab. Er ging mit Zweifel im Herzen nach Hause und stellte sich abends, als ob er schliefe, aber es kam kein Schlaf in seine Augen. Er sah, wie Elisa Nacht um Nacht in ihrer Kammer verschwand. Und Tag für Tag wurde seine Miene finsterer. Elisa sah es, aber sie wusste nicht, weshalb. Es ängstigte sie und ihre heißen Tränen fielen auf die königlichen Gewänder aus Samt und Purpur. Inzwischen hatte sie bald ihre Arbeit beendet, nur ein Panzerhemd fehlte noch. Aber wieder hatte sie keinen Flachs mehr und auch nicht eine einzige Nessel. Ein letztes Mal noch musste sie auf den Kirchhof. Sie dachte mit Angst an die einsame Wanderung und an die schrecklichen Lamien, aber ihr Wille war fest, so wie ihr Vertrauen auf den Herrn.

Elisa ging, aber der König und der Erzbischof folgten ihr. Sie sahen sie durch die Pforte auf den Kirchhof verschwinden und als sie sich näherten, sahen sie die Lamien auf dem Grabstein sitzen und der König wandte sich ab, denn unter ihnen vermutete er Elisa.

„Das Volk soll sie richten!", sagte er.

Und das Volk verurteilte sie: „Sie soll in den roten Flammen verbrennen!"

Aus den prächtigen Königssälen wurde Elisa in ein dunkles, feuchtes Loch geführt, statt Samt und Seide gaben sie ihr das Bund Nesseln, das sie gesammelt hatte, darauf konnte sie ihr Haupt legen. Die harten Panzerhemden, die sie geknüpft hatte, sollten ihr als Decke dienen. Aber nichts Lieberes hätte man ihr geben können. Sie betete und nahm ihre Arbeit wieder auf. Da schwirrte gegen Abend dicht am Gitter ein Schwanenflügel vorbei, das war der jüngste Bruder, der sie gefunden hatte. Sie schluchzte vor Freude, obwohl sie wusste, dass die kommende Nacht wohl ihre letzte sein würde. Aber nun war ja auch die Arbeit fast beendet und ihre Brüder waren hier.

Der Erzbischof kam, um in der letzten Stunde bei ihr zu sein, aber sie bat mit Blicken und Gebärden, er möge gehen. In dieser Nacht musste sie ja ihre Arbeit vollenden. Der Erzbischof entfernte sich mit bösen Worten, aber Elisa wusste, dass sie unschuldig war, und fuhr mit ihrer Arbeit fort.

Es dämmerte noch, da standen die elf Brüder an der Pforte des Schlosses und verlangten, vor den König geführt zu werden. Das könne nicht geschehen, antwortete man ihnen, es sei noch Nacht, der König schlafe.

Sie baten, drohten, die Wache kam, ja selbst der König kam heraus und fragte, was das zu bedeuten habe. Doch da ging die Sonne auf und elf wilde Schwäne flogen über das Schloss hinweg.

Das Volk strömte herbei. Alle wollten die Hexe brennen sehen. Ein elender Gaul zog den Karren, auf dem Elisa saß. Man hatte ihr einen Kittel aus Sackleinen angezogen, das Haar hing aufgelöst um ihr Haupt. Ihre Wangen waren bleich, aber die Finger banden den grünen Flachs; selbst jetzt ließ sie die Arbeit nicht ruhen. Zehn Panzerhemden lagen zu ihren Füßen.

Das Volk schrie und wollte die Hemden zerreißen, da kamen elf wilde Schwäne geflogen, setzten sich rings um Elisa auf den Karren und schlugen mit ihren großen Schwingen. Nun wich der Haufen erschrocken zur Seite. „Das ist ein Zeichen des Himmels, sie ist unschuldig!", flüsterten viele, aber sie wagten nicht, es laut zu sagen.

Der Henker ergriff Elisas Hand, da warf sie hastig die elf Panzerhemden über die Schwäne und sogleich standen elf schöne Prinzen da. Nur der Jüngste hatte noch einen Schwanenflügel statt eines Armes, denn an seinem Panzerhemd fehlte ein Ärmel, den sie nicht hatte vollenden können.

„Jetzt darf ich reden", sagte sie. „Ich bin unschuldig."

Das Volk sah, was geschehen war, und neigte sich vor ihr wie vor einer Heiligen. Elisa aber sank leblos in die Arme der Brüder.

„Ja, unschuldig ist sie!", sagte der älteste Bruder und erzählte alles, was geschehen war, und während er sprach, breitete sich der Duft von Rosen aus. Jedes Stück Holz im Scheiterhaufen hatte Wurzeln geschlagen und trieb Zweige. Es entstand eine duftende Hecke mir großen roten Rosen und ganz oben leuchtete eine weiße Blüte wie ein Stern. Die pflückte der König und steckte sie an Elisas Brust. Davon erwachte sie mit Frieden und Glückseligkeit im Herzen. Es wurde ein Freudenzug zum Schloss zurück, wie ihn noch kein König gesehen hatte.

Die Schöne und das Biest

Es lebte einmal ein Kaufmann, der war überaus reich. Er hatte sechs Kinder: drei Söhne und drei Töchter, und weil dieser Kaufmann ein sehr kluger Mann war, so ließ er all seine Kinder vieles lernen. Seine Töchter waren alle sehr schön, besonders schön aber war die Jüngste, die man, als sie klein war, nur „das schöne Kind" nannte. Das erregte bei ihren Schwestern viel Eifersucht und sie mochten sie gar nicht gern leiden.

Die Jüngste war nicht nur schöner als ihre Schwestern, sondern besaß auch ein gutes Herz und war freundlich gegen Mensch und Tier. Die beiden Ältesten aber waren hochmütig und bildeten sich viel auf ihren Reichtum ein. Mit einfachen Leuten wollten sie nichts zu tun haben, denn sie hielten sich für etwas Besseres. Sie gingen alle Tage zum Ball, ins Theater, fuhren spazieren und verspotteten ihre jüngste Schwester, welche lieber zu Hause war und las.

Weil alle Welt wusste, dass diese Mädchen sehr reich waren, hielten viele mächtige Kaufleute um ihre Hand an. Die beiden ältesten aber antworteten, sie würden nur einen Grafen oder wenigstens einen Baron zum Manne nehmen. Die Schöne dagegen dankte allen sehr höflich, die sie heiraten wollten, sie sagte aber zu ihnen, sie wäre noch zu jung und wolle noch ein paar Jahre bei ihrer Familie leben.

Doch es kamen schwere Zeiten und der Kaufmann verlor sein ganzes Vermögen. Er behielt nichts übrig als ein kleines Landgut, weit von der Stadt entfernt. Er erklärte unter Tränen seinen Kindern, dass sie nun arm waren, aufs Land ziehen müssten und die Felder selbst bebauen mussten. Sie hätten ihr Auskommen, wenn sie fleißig arbeiteten. Seine beiden ältesten Töchter antworteten verärgert, dass sie die Stadt nicht verlassen wollten und genug Verehrer hätten, die sie gerne heiraten würden, auch jetzt, da sie kein Vermögen mehr besaßen. Die Mädchen aber täuschten sich. Ihre Verehrer besuchten sie nicht mehr, als sie arm waren.

Die Menschen aber sagten: „Sie verdienen nicht, dass man sie beklagt. Sie waren immer hochmütig und stolz. Nun mögen sie die vornehme Dame spielen, wenn sie die Schafe hüten."

Doch über die Schöne sagte jedermann: „Was die Jüngste betrifft, so tut sie uns sehr leid. Sie ist ein gutes Mädchen. Sie war stets sehr gütig, freundlich und höflich." Es fanden sich sogar viele Edelleute, die sie gerne heiraten wollten, obwohl sie keinen Heller besaß. Sie sagte aber zu ihnen, sie könnte sich nicht entschließen, ihren armen Vater in seinem Unglück zu verlassen. Sie wollte ihm aufs Land folgen, um ihn zu trösten und ihm bei der harten Arbeit zu helfen.

Als sie auf ihrem Landgut angekommen waren, so beschäftigten sich der Kaufmann und seine drei Söhne damit, das Feld zu bebauen. Die Schöne stand beim ersten Hahnenschrei auf und eilte sich, das Haus reinzuhalten und das Mittagsmahl für die Familie zu bereiten. Es fiel ihr anfangs sehr schwer, denn sie war es nicht gewöhnt, wie eine Magd zu arbeiten. Nach einiger Zeit aber wurde sie stärker und die Arbeit ging ihr leichter von der Hand. Wenn sie ihre Aufgaben erfüllt hatte, so las sie oder spielte auf dem Klavier.

Ihre beiden Schwestern hingegen hätten vor Langeweile fast sterben mögen. Sie standen erst spät auf, gingen den ganzen Tag spazieren und trauerten ihren schönen Kleidern und ihren Juwelen nach. „Schau dir nur unsere jüngere Schwester an", sagten sie zueinander, „sie ist so einfältig, dass sie mit diesem Leben zufrieden ist."

Der wackere Kaufmann dachte nicht so. Er wusste wohl, dass die Schöne viel hilfreicher und verständiger war als ihre Schwestern. Er bewunderte die Tugend seiner jüngsten Tochter und vornehmlich ihre Geduld. Denn ihre Schwestern ließen sie nicht bloß alle Hausarbeit ganz allein verrichten, sondern schimpften auch noch ständig mit ihr. Die Familie hatte nun ein Jahr in dieser Einsamkeit gelebt, als der Kaufmann Briefe erhielt, die besagten, dass eines seiner Schiffe glücklich im Hafen angekommen sei.

Diese gute Neuigkeit stieg den älteren Töchtern sogleich zu Kopf, denn sie dachten, sie wären wieder reich. Als ihr Vater zur Abreise fertig war, baten sie ihn, er möge ihnen Röcke, Kleider, Schmuck und allerhand Kostbarkeiten mitbringen. Die Schöne aber bat ihn um nichts, denn sie dachte, alles Geld würde nicht ausreichen, um das zu kaufen, was ihre Schwestern wünschten.

„Du bittest mich nicht, dir etwas zu kaufen?", fragte ihr Vater.

„Wenn Sie die Güte haben wollen, an mich zu denken, Vater", antwortete sie ihm, „so bringen Sie mir eine Rose mit, denn hier wachsen keine."

Die Schöne machte sich nicht eben viel aus Rosen, aber sie wollte ihre Schwestern nicht beschämen, indem sie sich nichts wünschte.

Der wackere Kaufmann reiste ab. Als er aber in der Stadt angekommen war, machte man ihm einen Prozess wegen seiner Waren. Am Ende reiste er ebenso arm wieder zurück, als er vorher war. Er war schon fast bei seinem Landsitz angekommen, da zog ein schreckliches Unwetter auf. Im starken Sturm verlor er den Weg und verirrte sich im Wald. Er fürchtete schon, vor Kälte zu sterben oder von den Wölfen gefressen zu werden, da entdeckte er ein Licht zwischen den Bäumen. Mit letzter Kraft ritt er darauf zu und erreichte einen großen Palast, der hell erleuchtet war. Der Kaufmann dankte Gott für den Beistand und beeilte sich, zum Schloss zu kommen.

Er wunderte sich sehr, dass er im Hof keine Diener und Stallknechte traf und die Stalltüren weit offen standen. Doch sein Pferd roch das gute Heu und lief einfach hinein. Der Kaufmann band das erschöpfte Tier an und gab ihm reichlich Heu und Wasser. Dann lief er zum Palast und klopfte an. Da aber auch dort keine Menschenseele öffnete, ging er zögernd hinein und kam in einen großen Saal. Ein warmes Feuer brannte im Kamin und eine reich gedeckte Tafel mit köstlichen Speisen war für eine Person eingedeckt.

Weil der Regen ihn bis auf die Knochen durchnässt hatte, trat er ans Feuer, um sich zu trocknen und sagte zu sich: „Der Herr des Hauses wird mir die Freiheit verzeihen, die ich mir nehme, und ohne Zweifel wird er bald kommen."

Er wartete recht lange, doch dann konnte er dem Hunger nicht widerstehen und setzte sich zu Tisch und aß und trank. Bald wurde er müde und fand ein Zimmer, worin ein gutes Bett stand, und weil Mitternacht schon vorbei war, so hielt er es für das Beste, sich niederzulegen.

Als er am nächsten Tag aufstand, wunderte er sich sehr, saubere ordentliche Kleider neben seinem Bett vorzufinden. „Ganz gewiss gehört dieser Palast einer guten Fee, die mit mir Erbarmen hat", dachte der Kaufmann.

Er trat in den großen Saal, wo er am Abend gegessen hatte, und sah einen kleinen Tisch, worauf eine Tasse Schokolade stand. „Ich danke Ihnen, gnädige Frau Fee", sagte er ganz laut, „dass Sie die Güte gehabt und an mein Frühstück gedacht haben."

Nachdem er gefrühstückt hatte, ging er hinaus, um nach seinem Pferd zu sehen. Da entdeckte er einen wunderschönen Garten voller Blumen. Als er nun unter einer Laube von Rosen zum Stall lief, so erinnerte er sich, dass ihn seine jüngste Tochter um eine Rose gebeten hatte, und er brach eine davon ab.

Doch da hörte er ein lautes Geräusch und sah ein so entsetzliches Tier auf sich zustürzen, dass er vor Schreck beinahe in Ohnmacht gefallen wäre.

„Du Undankbarer", sagte das Tier mit einer schrecklichen Stimme zu ihm. „Ich habe dir das Leben gerettet und zum Dank dafür stiehlst du mir meine Rosen, die ich von allen Dingen in der Welt am liebsten habe. Dafür musst du sterben. Ich gebe dir eine Viertelstunde Zeit, damit du Gott um Verzeihung bitten kannst."

Verzweifelt fiel der Kaufmann auf die Knie und flehte das Tier an: „Gnädiger Herr, verzeihen Sie mir, ich wollte Sie nicht kränken, als ich eine Rose für meine Tochter abgebrochen habe."

„Nenn mich nicht gnädiger Herr", antwortete ihm das Ungeheuer, „sondern Biest. Ich mag keine Schmeicheleien. Ich will, dass man sagt, was man denkt. Du hast von deiner Tochter gesprochen. Ich will dir dein Leben lassen, wenn sie freiwillig kommt, um hier mit mir zu leben. Reise nach Hause und bring mir deine Tochter. Weigert sie sich, so schwöre, dass du wiederkommen wirst."

Der Kaufmann war nicht willens, eine von seinen Töchtern zu diesem garstigen Untier zu bringen, hoffte aber Zeit zu gewinnen: „So kann ich noch ein letztes Mal meine Kinder umarmen."

Er versprach also, er wolle seine Tochter bringen oder selbst wiederkommen. Das Biest ließ ihn abreisen und sagte zum Abschied: „ Ich will nicht, dass du mit leeren Händen weggehst. Kehre wieder in das Zimmer zurück, wo du geschlafen hast; du wirst dort einen großen Koffer finden. In diesen kannst du alles legen, was dir beliebt, ich will ihn in dein Haus bringen lassen." Mit diesen Worten zog sich das Biest zurück.

Der gute Mann dachte: „Wenn ich auch sterben muss, so werde ich doch den Trost haben, dass ich meinen armen Kindern etwas hinterlasse."

Er lief ins Schloss zurück und füllte den Koffer mit Kostbarkeiten. Er schloss ihn zu, ging zum Stall und ritt voller Sorge nach Hause.

Schon bald kam er zu Hause an und seine Kinder begrüßten ihn vergnügt. Doch die freudige Begrüßung stimmte ihn noch trauriger und er begann zu weinen. Er hielt den Rosenzweig in der Hand und gab ihn seiner Tochter: „Hier, Schöne, nimm diese Rosen, sie haben deinem armen Vater viel Unglück gebracht." Und darauf erzählte er seiner Familie vom Palast des Biests und seinem Versprechen.

Nachdem er geendet hatte, schalten seine beiden ältesten Töchter die Schöne, weinten und riefen zornig: „Das hast du nun von deiner Tugendhaftigkeit. Warum konntest du dir keine Kleidung wünschen wie wir? Aber nein, das Fräulein wollte etwas Besonderes haben. Sie wird unserem Vater den Tod bringen und sie weint nicht einmal."

„Es ist nicht nötig, um unseren Vater zu weinen", antwortete die Schöne, „denn er wird nicht sterben. Das Ungeheuer verlangt eine seiner Töchter und daher werde ich zu ihm gehen und anstelle meines Vater sterben."

„Nein, meine liebe Schwester", sagten ihre drei Brüder zu ihr, „du sollst nicht sterben, wir werden zum Palast des Ungeheuers gehen und es besiegen."

„Hofft das nicht", sagte der Kaufmann zu ihnen, „die Macht dieses Ungeheuers ist so groß, dass es keine Hoffnung gibt, es zu töten. Ich bin über das gute Herz der Schönen sehr gerührt, doch ich kann ihr Opfer nicht annehmen. Ich bin schon alt, ich werde bald sterben. Da gebe ich gerne meine letzten Jahre zum Wohl meiner Familie hin."

„Lieber Vater", sagte die Schöne, „Sie können mich nicht abhalten, Ihnen zu folgen. Ich will lieber von diesem Ungeheuer aufgefressen werden, als vor Kummer über Ihren Tod sterben."

Die Schöne ließ sich nicht von ihrem Entschluss abbringen und ihre Schwestern waren insgeheim recht froh darüber, sie loszuwerden. Der Kaufmann hatte über all dem Leid den mit Kostbarkeiten gefüllten Koffer ganz vergessen. Doch als er seine Kammer betrat, fand er ihn auf dem Bette liegen. Er wollte aber nicht zurück in die Stadt ziehen und entschloss sich, seinen Kindern nichts von dem Reichtum zu erzählten. Allein der Schönen vertraute er sein Geheimnis an. Diese bat ihn, das Geld als Mitgift für die Schwestern zu verwenden und sie mit Edelleuten zu verheiraten. Denn obwohl ihre Schwestern so garstig zu ihr waren, vergab sie ihnen und wollte sie glücklich sehen.

Die beiden boshaften Schwestern dagegen rieben sich die Augen mit einer Zwiebel, damit sie zum Abschied weinen konnten, als die Schöne mit ihrem Vater abreiste.

Zu Pferde ritten sie zum Palast des Biests, der ebenso hell erleuchtet war, wie beim ersten Mal. Sie traten ein und fanden eine prächtige Tafel vor, die für zwei Personen gedeckt war. Der Kaufmann konnte vor Gram keinen Bissen essen. Die Schöne aber zwang sich, ruhig zu erscheinen, setzte sich und aß. Darauf sagte sie zu sich: „Das Biest will mich wohl fett machen, ehe es mich auffrisst, weil es mir so gutes Essen gibt."

Als sie gegessen hatten, hörten sie ein lautes Geräusch und das Biest erschien. Die Schöne erschrak sehr, als sie diese schreckliche Gestalt sah. Aber sie beruhigte sich wieder und als das Ungeheuer sie fragte, ob sei aus freiem Willen gekommen sei, so sagte sie mit Zittern: „Ja."

„Sie sind sehr gütig", sagte das Tier, „und ich freue mich sehr, dass Ihr hier seid, Schöne. Du aber, guter Kaufmann, verlässt morgen früh mein Schloss und kommst nie wieder hierher zurück." Daraufhin verließ das Tier den Saal.

„Ach, meine liebe Tochter", sagte der Kaufmann, „lasst uns morgen zusammen von hier fortgehen."

„Nein, Vater", sagte die Schöne zu ihm, „wir haben unser Versprechen gegeben: Sie werden morgen früh abreisen und mich dem Beistand des Himmels überlassen, vielleicht wird er sich meiner erbarmen."

Sie legten sich zu Bett und schliefen trotz ihrer Sorgen bald aus Erschöpfung ein. Die Schöne träumte von einer feinen Dame, die zu ihr sprach: „Ich bin mit deinem guten Herzen zufrieden, Schöne. Das Leben deines Vaters zu retten, wird nicht ohne Belohnung bleiben."

Die Schöne erzählte beim Aufwachen ihrem Vater von diesem Traum, denn sie wollte ihn trösten. Dann nahmen sie schweren Herzens voneinander Abschied.

Die Schöne glaubte fest, dass sie am Abend sterben müsse, aber weil sie tapfer war, beschloss sie ihre letzten Stunden fröhlich zu verbringen. Sie schaute sich das Schloss und die Gärten an und bewunderte diese Pracht.

Doch dann entdeckte sie eine Tür, auf der stand in goldenen Buchstaben „Das Zimmer der Schönen". Sie öffnete neugierig die Türe und erblickte einen wunderbaren, kostbar eingerichteten Raum. Was ihr aber am meisten in die Augen fiel, war eine große Bibliothek, ein schöner Flügel und viele Notenbücher.

„Das Biest will wohl nicht, dass ich Langeweile bekomme", sagte sie leise zu sich, und darauf dachte sie: „Wenn ich nur einen Tag hierbleiben sollte, so würde es sich nicht so viel Mühe gemacht haben."

Dieser Gedanke gab ihr Hoffnung und sie schlug eines der Bücher auf und las: „Wünschen Sie! Befehlen Sie! Sie sind hier die Königin und Frau."

„Ach", seufzte sie, „wenn ich nur meinen Vater sehen und wissen könnte, was er macht."

Kaum hatte sie diesen Wunsch ausgesprochen, sah sie in einem großen, goldenen Spiegel das Landhaus, den Vater, der mit traurigem Gesicht am Kamin saß, ihre Brüder und die neidischen Schwestern. Einen Augenblick später war alles wieder verschwunden.

Zu Mittag fand sie die Tafel mit köstlichen Speisen gedeckt und hörte ein vortreffliches Konzert, obgleich sie keine Menschenseele Klavier spielen sah. Am Abend, als sie sich wieder an die Tafel setzen wollte, hörte sie das schreckliche Geräusch, welches das Biest machte, und begann zu zittern.

„Schöne", sagte das Ungeheuer freundlich zu ihr, „wollen Sie wohl erlauben, dass ich Ihnen heute Abend Gesellschaft leiste?"

„Ihr habt hier zu befehlen", antwortete die Schöne zaghaft.

„Nein", erwiderte das Biest, „Sie dürfen hier befehlen. Sie brauchen nur zu sagen, ich soll gehen und ich werde Sie verlassen. Aber sagen Sie mir, finden Sie mich nicht sehr hässlich?"

„Ich kann nicht lügen", sagte die Schöne. „Sie sind wirklich sehr hässlich, aber ich glaube, Sie haben ein gutes Herz."

„Sie haben recht", antwortete das Biest, „aber ich bin nicht nur sehr hässlich, ich bin leider auch nicht klug. Ich weiß wohl, dass ich ein dummes Vieh bin."

„Man ist kein dummes Vieh", erwiderte die Schöne, „wenn man glaubt, dass man nicht klug ist. Ein Narr ist sich dessen nicht bewusst."

„Genießen Sie Ihr Essen, Schöne", sagte das Biest zum Abschied, „und erfreuen Sie sich an den Dingen hier im Schloss, denn alles gehört hier Ihnen. Ich wäre betrübt, wenn Sie nicht vergnügt wären."

„Sie sind sehr freundlich", sagte die Schöne. „Und wenn ich daran denke, so kommen Sie mir schon gar nicht mehr so hässlich vor."

„O wahrlich, ja", antwortete das Biest, „ich habe ein gutes Herz, aber ich bin ein Ungeheuer."

„Es gibt viele Menschen, die sind schlimmere Ungeheuer als Sie, denn diese verstecken unter einer schönen Gestalt ein böses Herz", sprach die Schöne.

„Wenn ich klug wäre, dann könnte ich mich bei Ihnen für Ihre Weisheit bedanken", antwortete das Tier.

Die Schöne hatte nun fast gar keine Angst mehr vor dem Ungeheuer und begann, mit Appetit von den feinen Speisen zu essen. Doch erschrak sie sehr, als das Biest plötzlich fragte: „Schöne, wollen Sie meine Frau werden?"

Sie hatte große Angst, das Biest würde wütend werden, wenn sie seinen Wunsch ablehnte. Doch dann nahm sie ihren Mut zusammen und antwortete leise: „Nein, Tier."

In dem Augenblick seufzte das arme Ungeheuer laut auf und machte dabei ein so entsetzliches Geräusch, dass der ganze Palast davon erschallte.

Dann sagte es mit Betrübnis zu ihr: „Schlafen Sie denn wohl, Schöne!", und ging aus dem Zimmer hinaus.

Als die Schöne allein war, empfand sie großes Mitleid mit diesem armen Tier. „Ach", dachte sie, „es ist recht schade, dass es so hässlich ist, denn es ist ja so gut!"

Die Schöne war nun schon drei Monate im Palast des Biests. Jeden Abend besuchte das Biest sie beim Essen und jeden Tag entdeckte die Schöne neue gute Eigenschaften an ihm. Inzwischen hatte sie sich an seine Hässlichkeit gewöhnt und sie fürchtete den Augenblick seines Besuches nicht mehr, sondern sah stattdessen oft auf die Uhr, um zu sehen, ob es noch nicht bald neun wäre. Denn das Biest kam immer zur gleichen Stunde. Und jeden Abend fragte das Ungeheuer, ob die Schöne seine Frau werden wolle und war zutiefst betrübt, wenn die Schöne Nein sagte.

Daher sprach sie eines Abends zu ihm: „Liebes Biest. Ich wünschte wirklich, ich könnte Sie heiraten, aber ich möchte nicht lügen und Sie glauben lassen, es werde doch einmal geschehen. Ich werde stets Ihre gute Freundin sein. Seien Sie damit zufrieden."

„Das muss wohl", erwiderte das Biest, „denn ich weiß, dass ich recht abscheulich bin, aber trotzdem liebe ich Sie sehr. Also will ich glücklich genug sein, dass Sie gern hierbleiben wollen. Versprechen Sie mir, dass Sie mich niemals verlassen wollen!"

Die Schöne errötete bei diesen Worten. Denn sie wünschte sich sehr, ihren Vater wiederzusehen. Sie hatte in ihrem Spiegel gesehen, dass er aus Kummer sehr krank geworden war.

„Ich könnte es Ihnen wohl versprechen", sagte sie zu dem Tier, „dass ich Sie niemals verlassen werde, aber ich sehne mich so sehr danach, meinen Vater wiederzusehen, dass ich vor Heimweh sterben werde, wenn Sie mir diese Bitte nicht erfüllen."

„Dann will ich lieber selbst leiden", antwortete das Ungeheuer, „als Sie traurig zu sehen. Ich werde Sie zu Ihrem Vater schicken, Sie können dort bleiben und Ihr armes Biest wird vor Kummer darüber sterben."

„Nein, ich habe Sie viel zu lieb gewonnen, Sie dürfen nicht sterben. Ich verspreche, in acht Tagen wiederkommen. Der Spiegel hat mir gezeigt, dass meine Schwestern verheiratet und meine Brüder zu den Soldaten gegangen sind. Mein Vater ist ganz allein und krank. Bitte erlauben Sie, dass ich eine Woche bei ihm bleibe", rief die Schöne unter Tränen.

„Sie sollen morgen früh dort sein", beschloss das Biest. „Vergessen Sie aber nicht Ihr Versprechen. Wenn Sie zurückkehren möchten, legen Sie am Abend Ihren Ring auf einen Tisch und am nächsten Morgen sind Sie wieder bei mir. Leben Sie wohl, Schöne!"

Und wirklich: am nächsten Morgen erwachte sie im Haus ihres Vaters. Die Magd schrie erstaunt auf, als sie die Schöne sah, und daraufhin kam der Vater herbeigelaufen. Er freute sich von Herzen seine Tochter wiederzusehen. Nach der Begrüßung kam

die Magd und fragte, ob sie den großen Koffer auspacken solle. Da wunderte sich die Schöne sehr und fand in ihrem Zimmer einen Koffer mit wundervollen Kleidern aus Seide. Die Schöne dankte dem Biest, das so aufmerksam war und wies die Magd an, das schlichteste Kleid für sie auszusuchen, denn die anderen wollte sie ihren Schwestern schenken. Kaum hatte sie diesen Gedanken ausgesprochen, da verschwand die Truhe.

Der Vater sagte: „Ich glaube, das Biest möchte, dass du die Kleider für dich behältst, denn sie sind ein Geschenk an dich." Sogleich kam der Koffer mit den Kleidern wieder zum Vorschein.

Die Schöne kleidete sich an und da trafen auch ihre Schwestern mit ihren Ehemännern ein, um sie zu begrüßen. Beide waren mit ihren Männern sehr unglücklich. Die Älteste hatte einen sehr schönen Mann geheiratet, der aber in seinen eigenen Anblick so verliebt war, dass für seine Frau keine Liebe mehr übrig war. Die zweite hatte einen Mann mit viel Witz, den er aber dazu nutzte alle Welt und vor allem seine Frau zum Narren zu halten.

Als die Schöne erzählte, dass sie ein glückliches Leben im Palast des Biests führte, wurden die Schwestern sehr eifersüchtig, gingen in den Garten und weinten vor Zorn.

„Warum nur ist unsere Schwester so viel glücklicher als wir. Und sieh nur, wie prächtig sie gekleidet ist", sprach die Älteste.

„Schwester, mir fällt etwas ein", sagte die zweite. „Sie hat ihrem Biest versprochen, nach acht Tagen zurückzukehren. Wir wollen sie aufhalten und länger hier behalten. Darüber wird ihr dummes Biest so zornig werden, dass es sie auffrisst."

„Du hast recht, Schwester", antwortete die andere. „Dazu aber müssen wir sehr freundlich zu ihr sein."

Nachdem sie diesen Entschluss gefasst hatten, gingen sie wieder hinein und erwiesen ihrer Schwester so viel Freundschaft, dass die Schöne vor Glück darüber weinte. Als die acht Tage vorbei waren, stellten sie sich so betrübt, dass die Schöne versprach, noch länger zu bleiben.

So gerne sie aber blieb, dachte sie an ihr Versprechen und den Kummer, den sie ihrem Biest verursachen würde. Zudem vermisste sie es mehr und mehr. Eines Nachts träumte sie sogar, das Biest läge auf dem Rasen im Schlossgarten und würde aus Kummer sterben. Die Schöne wachte darüber auf und weinte.

„Ich bin sehr undankbar", dachte sie, „dass ich das Biest so unglücklich mache. War es nicht immer gut und freundlich zu mir? Ist es seine Schuld, dass es so hässlich ist?

Es hat ein gutes Herz, das ist wichtiger als alles andere. Warum habe ich das Unge-heuer nicht heiraten wollen? Ich wäre mit ihm sicher glücklicher als meine Schwestern mit ihren Männern. Weder die Schönheit noch der Witz eines Mannes machen eine Frau zufrieden. Allein Güte, Tugend und Freundlichkeit führen zu wahrem Glück. Das Biest hat alle diese guten Eigenschaften. Ich liebe es zwar nicht, aber ich empfinde Hochachtung und Freundschaft für es. Wohlan, ich will es nicht unglücklich machen; ich würde mir meine Undankbarkeit mein ganzes Leben lang vorwerfen."

Dann legte sie den Ring auf den Tisch, ging wieder zu Bett und als sie erwachte, befand sie sich zu ihrer großen Freude in ihrem prächtigen Zimmer im Palast.

Nun wartete sie den ganzen Tag, bis es Abend würde und das Biest zu Besuch käme. Doch es erschien nicht. Sie suchte im ganzen Schloss und begann sich große Sorgen zu machen. Sie rief und rief, aber keine Antwort.

Dann erinnerte sie sich an ihren Traum und lief verzweifelt in den Garten, wo sie im Schlafe das arme Biest gesehen hatte. Sie fand es ohnmächtig auf dem Rasen liegen und glaubte, es sei tot. Sie weinte und umarmte das Ungeheuer, ohne sich seiner schrecklichen Gestalt zu fürchten.

Da erwachte das Biest und sprach mit schwacher Stimme: „Da sind Sie ja, Schöne. Sie hatten ihr Versprechen vergessen und ich wollte mich aus Kummer drüber zu Tode hungern. Nun sterbe ich zufrieden, denn ich durfte Sie noch einmal wiedersehen."

„Oh nein, mein liebes Biest, Sie dürfen nicht sterben", rief die Schöne. „Sie sollen leben und ich werde Sie heiraten. Als ich dachte, Sie wären gestorben, erkannte ich was ich wirklich fühle: dass ich Sie liebe und nicht ohne Sie leben möchte."

Kaum hatte sie diese Worte gesprochen, begann im Schloss ein Feuerwerk, Musik erklang und alle Lichter waren erleuchtet.

Doch die Schöne hatte dafür keinen Blick, wandte sich wieder ihrem Biest zu, aber das war verschwunden. Vor ihr lag ein Prinz von wundervoller Gestalt, der sie freundlich anblickte.

„Wo ist das Biest?", fragte die Schöne verwundert.

„Genau vor Ihnen, denn ich bin es. Eine boshafte Fee hatte mich verwünscht und ich musste in dieser schrecklichen Gestalt leben, bis ein Mädchen käme, das mich wegen meines guten Herzens heiraten würde. Nur Sie haben meine Güte und Freundlichkeit erkannt und ich danke Ihnen. Nun werden wir beide heiraten", antwortete der Prinz.

Die Schöne war erstaunt und sehr erleichtert, dass sie einen jungen, schönen Prinzen zum Manne bekam, der zudem ein gutes Herz hatte. Sie gingen zusammen zum Schloss und dort befand sich auch schon ihr Vater und ihre ganze Familie. Außerdem erkannte sie die feine Dame aus ihrem Traum wieder.

Diese sprach zu ihr: „Schöne, du hast alles richtig gemacht und die Tugend allen äu-
ßerlichen Dingen vorgezogen. Dafür wirst du belohnt werden. Dein Gemahl vereinigt
alle Tugenden in einer Person und ihr werdet klug und gerecht über ein großen Reich
herrschen."

Dann wandte sich die Dame den Schwestern zu: „Ihr dagegen habt ein böses, nieder-
trächtiges Herz. Zur Strafe für euren Neid sollt ihr zu Statuen hier im Schlosse werden.
Nun könnt ihr dem Glück eurer Schwester so lange zusehen, bis ihr euch bessert und
eure Fehler bereut."

Der Prinz und die Schöne feierten ein prächtiges Hochzeitsfest und lebten lange und
in vollkommenem Glück, weil es auf die Tugend gegründet war.

Hänsel und Gretel

Vor einem großen Walde wohnte ein armer Holzhacker mit seiner Frau und seinen zwei Kindern. Das Bübchen hieß Hänsel und das Mädchen Gretel. Er hatte wenig zu beißen und zu brechen, und einmal, als große Teuerung ins Land kam, konnte er das tägliche Brot nicht mehr schaffen.

Wie er sich nun abends im Bette Gedanken machte und sich vor Sorgen herumwälzte, seufzte er und sprach zu seiner Frau: „Was soll aus uns werden? Wie können wir unsere armen Kinder ernähren, da wir für uns selbst nichts mehr haben?"

„Weißt du was, Mann", antwortete die Frau, „wir wollen morgen in aller Frühe die Kinder hinaus in den Wald führen, wo er am dichtesten ist. Da machen wir ihnen ein Feuer an und geben jedem noch ein Stück Brot, dann gehen wir an unsere Arbeit und lassen sie allein. Sie finden den Weg nicht wieder nach Haus, und wir sind sie los."

„Nein, Frau", sagte der Mann, „das tue ich nicht. Wie sollte ich es übers Herz bringen, meine Kinder im Walde allein zu lassen! Die wilden Tiere würden bald kommen und sie zerreißen."

„Oh, du Narr", sagte sie, „dann müssen wir alle viere Hungers sterben, du kannst nur die Bretter für die Särge hobeln", und ließ ihm keine Ruhe, bis er einwilligte.

„Aber die armen Kinder dauern mich doch", sagte der Mann.

Die zwei Kinder hatten vor Hunger auch nicht einschlafen können und hatten gehört, was die Stiefmutter zum Vater gesagt hatte. Gretel weinte bittere Tränen und sprach zu Hänsel: „Nun ist es um uns geschehen."

„Still, Gretel", sprach Hänsel, „gräme dich nicht, ich will uns schon helfen."

Und als die Alten eingeschlafen waren, stand er auf, zog sein Röcklein an, machte die Untertüre auf und schlich sich hinaus. Da schien der Mond ganz hell, und die weißen Kieselsteine, die vor dem Haus lagen, glänzten wie lauter Batzen.

Hänsel bückte sich und steckte so viele in sein Rocktäschlein, als nur hineinwollten. Dann ging er wieder zurück, sprach zu Gretel: „Sei getrost, liebes Schwesterchen, und schlaf nur ruhig ein, Gott wird uns nicht verlassen", und legte sich wieder in sein Bett.

Als der Tag anbrach, noch ehe die Sonne aufgegangen war, kam schon die Frau und weckte die beiden Kinder: „Steht auf, ihr Faulenzer, wir wollen in den Wald gehen und Holz holen." Dann gab sie jedem ein Stückchen Brot und sprach: „Da habt ihr etwas für den Mittag, aber esst es nicht vorher auf, weiter kriegt ihr nichts."

Gretel nahm das Brot unter die Schürze, weil Hänsel die Steine in der Tasche hatte. Danach machten sie sich alle zusammen auf den Weg nach dem Wald. Als sie ein Weilchen gegangen waren, stand Hänsel still und guckte nach dem Haus zurück und tat das wieder und immer wieder.

Der Vater sprach: „Hänsel, was guckst du da und bleibst zurück, hab acht und vergiss deine Beine nicht!"

„Ach, Vater", sagte Hänsel, „ich sehe nach meinem weißen Kätzchen, das sitzt oben auf dem Dach und will mir Ade sagen."

Die Frau sprach: „Narr, das ist dein Kätzchen nicht, das ist die Morgensonne, die auf den Schornstein scheint."

Hänsel aber hatte nicht nach dem Kätzchen gesehen, sondern immer einen von den blanken Kieselsteinen aus seiner Tasche auf den Weg geworfen.

Als sie mitten in den Wald gekommen waren, sprach der Vater: „Nun sammelt Holz, ihr Kinder, ich will ein Feuer anmachen, damit ihr nicht friert."

Hänsel und Gretel trugen Reisig zusammen, einen kleinen Berg hoch. Das Reisig ward angezündet, und als die Flamme recht hoch brannte, sagte die Frau: „Nun legt euch ans Feuer, ihr Kinder, und ruht euch aus, wir gehen in den Wald und hauen Holz. Wenn wir fertig sind, kommen wir wieder und holen euch ab."

Hänsel und Gretel saßen um das Feuer, und als der Mittag kam, aß jedes sein Stücklein Brot. Und weil sie die Schläge der Holzaxt hörten, so glaubten sie, ihr Vater wäre in der Nähe. Es war aber nicht die Holzaxt, es war ein Ast, den er an einen dürren Baum gebunden hatte und den der Wind hin und her schlug. Und als sie so lange gesessen hatten, fielen ihnen die Augen vor Müdigkeit zu, und sie schliefen fest ein. Als sie endlich erwachten, war es schon finstere Nacht.

Gretel fing an zu weinen und sprach: „Wie sollen wir nun aus dem Wald kommen?"

Hänsel aber tröstete sie: „Wart nur ein Weilchen, bis der Mond aufgegangen ist, dann wollen wir den Weg schon finden."

Und als der volle Mond aufgestiegen war, so nahm Hänsel sein Schwesterchen an der Hand und ging den Kieselsteinen nach, die schimmerten wie neu geschlagene Batzen und zeigten ihnen den Weg.

Sie gingen die ganze Nacht hindurch und kamen bei anbrechendem Tag wieder zu ihres Vaters Haus. Sie klopften an die Tür, und als die Frau aufmachte und sah, dass es Hänsel und Gretel waren, sprach sie: „Ihr bösen Kinder, was habt ihr so lange im Walde geschlafen, wir haben geglaubt, ihr wollet gar nicht wiederkommen."

Der Vater aber freute sich, denn es war ihm zu Herzen gegangen, dass er sie so allein zurückgelassen hatte.

Nicht lange danach war wieder Not in allen Ecken, und die Kinder hörten, wie die Stiefmutter nachts im Bette zu dem Vater sprach: „Alles ist wieder aufgezehrt, wir haben noch einen halben Laib Brot, hernach hat das Lied ein Ende. Die Kinder müssen fort, wir wollen sie tiefer in den Wald hineinführen, damit sie den Weg nicht wieder herausfinden; es ist sonst keine Rettung für uns."

Dem Mann fiel es schwer aufs Herz, und er dachte: „Es wäre besser, dass du den letzten Bissen mit deinen Kindern teiltest."

Aber die Frau hörte auf nichts, was er sagte, schalt ihn und machte ihm Vorwürfe. Wer A sagt, muss auch B sagen, und weil er das erste Mal nachgegeben hatte, so musste er es auch zum zweiten Mal.

Die Kinder waren aber noch wach gewesen und hatten das Gespräch mit angehört. Als die Alten schliefen, stand Hänsel wieder auf, wollte hinaus und die Kieselsteine auflesen, wie das vorige Mal.

Aber die Frau hatte die Tür verschlossen, und Hänsel konnte nicht heraus. Aber er tröstete sein Schwesterchen und sprach: „Weine nicht, Gretel, und schlaf nur ruhig, der liebe Gott wird uns schon helfen."

Am frühen Morgen kam die Frau und holte die Kinder aus dem Bette. Sie erhielten ihr Stückchen Brot, das war aber noch kleiner als das vorige Mal. Auf dem Wege nach dem Wald bröckelte es Hänsel in der Tasche, stand oft still und warf ein Bröcklein auf die Erde.

„Hänsel, was stehst du da und guckst dich um?", fragte der Vater. „Geh deiner Wege!"

„Ich sehe nach meinem Täubchen, das sitzt auf dem Dache und will mir Ade sagen", antwortete Hänsel.

„Narr", sagte die Frau, „das ist dein Täubchen nicht, das ist die Morgensonne, die auf den Schornstein oben scheint."

Hänsel aber warf nach und nach alle Bröcklein auf den Weg.

Die Frau führte die Kinder noch tiefer in den Wald, wo sie ihr Lebtag noch nicht gewesen waren. Da ward wieder ein großes Feuer angemacht, und die Mutter sagte: „Bleibt nur da sitzen, ihr Kinder, und wenn ihr müde seid, könnt ihr ein wenig schlafen. Wir gehen in den Wald und hauen Holz, und am Abend, wenn wir fertig sind, kommen wir und holen euch ab."

Als es Mittag war, teilte Gretel ihr Brot mit Hänsel, der sein Stück auf den Weg gestreut hatte. Dann schliefen sie ein, und der Abend verging; aber niemand kam zu den armen Kindern.

Sie erwachten erst in der finstern Nacht, und Hänsel tröstete sein Schwesterchen und sagte: „Wart nur, Gretel, bis der Mond aufgeht, dann werden wir die Brotbröcklein sehen, die ich ausgestreut habe, die zeigen uns den Weg nach Haus."

Als der Mond kam, machten sie sich auf, aber sie fanden kein Bröcklein mehr, denn die viel Tausend Vögel, die im Walde und im Felde umherfliegen, die hatten sie alle weggepickt.

Hänsel sagte zu Gretel: „Wir werden den Weg schon finden." Aber sie fanden ihn nicht. Sie gingen die ganze Nacht und noch einen Tag von Morgen bis Abend, aber sie kamen aus dem Wald nicht heraus und waren so hungrig, denn sie hatten nichts als die paar Beeren, die auf der Erde standen. Und weil sie so müde waren, dass die Beine sie nicht mehr tragen wollten, so legten sie sich unter einen Baum und schliefen ein.

Nun war es schon der dritte Morgen, dass sie ihres Vaters Haus verlassen hatten. Sie fingen wieder an zu gehen, aber sie gerieten immer tiefer in den Wald, und wenn nicht bald Hilfe kam, mussten sie verschmachten.

Als es Mittag war, sahen sie ein schönes, schneeweißes Vögelein auf einem Ast sitzen, das sang so schön, dass sie stehen blieben und ihm zuhörten. Und als es fertig war, schwang es seine Flügel und flog vor ihnen her, und sie gingen ihm nach, bis sie zu einem Häuschen gelangten, auf dessen Dach es sich setzte, und als sie ganz nahe herankamen, so sahen sie, dass das Häuslein aus Brot gebaut war und mit Kuchen gedeckt; aber die Fenster waren von hellem Zucker.

„Da wollen wir uns dranmachen", sprach Hänsel, „und eine gesegnete Mahlzeit halten. Ich will ein Stück vom Dach essen, Gretel, du kannst vom Fenster essen, das schmeckt süß."

Hänsel reichte in die Höhe und brach sich ein wenig vom Dach ab, um zu versuchen, wie es schmeckte, und Gretel stellte sich an die Scheiben und knusperte daran.

Da rief eine feine Stimme aus der Stube heraus:
„Knusper, knusper, Knäuschen,
wer knuspert an meinem Häuschen?"
Die Kinder antworteten:
„Der Wind, der Wind,
das himmlische Kind."
Dann aßen sie weiter, ohne sich irre machen zu lassen. Hänsel, dem das Dach sehr gut schmeckte, riss sich ein großes Stück davon herunter, und Gretel stieß eine ganze runde Fensterscheibe heraus, setzte sich nieder und tat sich wohl damit.

Da ging auf einmal die Türe auf, und eine steinalte Frau, die sich auf eine Krücke stützte, kam herausgeschlichen. Hänsel und Gretel erschraken so gewaltig, dass sie fallen ließen, was sie in den Händen hielten.

Die Alte aber wackelte mit dem Kopfe und sprach: „Ei, ihr lieben Kinder, wer hat euch hierhergebracht? Kommt nur herein und bleibt bei mir, es geschieht euch kein Leid." Sie fasste beide an der Hand und führte sie in ihr Häuschen. Da ward ein gutes Essen aufgetragen, Milch und Pfannkuchen mit Zucker, Äpfeln und Nüssen. Hernach wurden zwei schöne Bettlein weiß gedeckt, und Hänsel und Gretel legten sich hinein und meinten, sie wären im Himmel.

Die Alte hatte sich nur freundlich angestellt, sie war aber eine böse Hexe, die den Kindern auflauerte, und hatte das Brothäuslein bloß gebaut, um sie herbeizulocken. Wenn eins in ihre Gewalt kam, so machte sie es tot, kochte es und aß es, und das war ihr ein Festtag. Die Hexen haben rote Augen und können nicht weit sehen, aber sie haben eine feine Witterung wie die Tiere und merken es, wenn Menschen herankommen.

Als Hänsel und Gretel in ihre Nähe kamen, da lachte sie boshaft und sprach höhnisch: „Die habe ich, die sollen mir nicht wieder entwischen!"

Früh morgens, ehe die Kinder erwacht waren, stand sie schon auf, und als sie beide so lieblich ruhen sah, mit den vollen roten Backen, so murmelte sie vor sich hin: „Das wird ein guter Bissen werden."

Da packte sie Hänsel mit ihrer dürren Hand und trug ihn in einen kleinen Stall und sperrte ihn mit einer Gittertüre ein. Er mochte schreien, wie er wollte, es half ihm nichts. Dann ging sie zur Gretel, rüttelte sie wach und rief: „Steh auf, Faulenzerin, trag Wasser und koch deinem Bruder etwas Gutes, der sitzt draußen im Stall und soll fett werden. Wenn er fett ist, so will ich ihn essen."

Gretel fing an bitterlich zu weinen, aber es war alles vergeblich, sie musste tun, was die böse Hexe verlangte.

Nun ward dem armen Hänsel das beste Essen gekocht, aber Gretel bekam nichts als Krebsschalen. Jeden Morgen schlich die Alte zu dem Ställchen und rief: „Hänsel, streck deine Finger heraus, damit ich fühle, ob du bald fett bist."

Hänsel streckte ihr aber ein Knöchlein heraus, und die Alte, die trübe Augen hatte, konnte es nicht sehen und meinte, es wären Hänsels Finger, und verwunderte sich, dass er gar nicht fett werden wollte.

Als vier Wochen herum waren und Hänsel immer mager blieb, da überkam sie die Ungeduld, und sie wollte nicht länger warten.

„Heda, Gretel", rief sie dem Mädchen zu, „sei flink und trag Wasser! Hänsel mag fett oder mager sein, morgen will ich ihn schlachten und kochen."

Ach, wie jammerte das arme Schwesterchen, als es das Wasser tragen musste, und wie flossen ihm die Tränen über die Backen herunter!

„Lieber Gott, hilf uns doch!", rief sie aus. „Hätten uns nur die wilden Tiere im Wald gefressen, so wären wir doch zusammen gestorben!"

„Spar nur dein Geplärre", sagte die Alte. „Es hilft dir alles nichts."

Früh morgens musste Gretel heraus, den Kessel mit Wasser aufhängen und Feuer anzünden.

„Erst wollen wir backen", sagte die Alte. „Ich habe den Backofen schon eingeheizt und den Teig geknetet."

Sie stieß das arme Gretel hinaus zu dem Backofen, aus dem die Feuerflammen schon herausschlugen. „Kriech hinein", sagte die Hexe. „Und sieh zu, ob recht eingeheizt ist, damit wir das Brot hineinschieben können."

Und wenn Gretel darin war, wollte sie den Ofen zumachen und Gretel sollte darin braten, und dann wollte sie das Mädchen aufessen.

Aber Gretel merkte, was sie im Sinn hatte, und sprach: „Ich weiß nicht, wie ich das machen soll. Wie komm ich da hinein?"

„Dumme Gans", sagte die Alte, „die Öffnung ist groß genug, siehst du wohl, ich könnte selbst hinein", krabbelte heran und steckte den Kopf in den Backofen.

Da gab ihr Gretel einen Stoß, sodass sie weit hineinfuhr, machte die eiserne Tür zu und schob den Riegel vor. Hu! Da fing sie an zu heulen, ganz grauslich; aber Gretel lief fort, und die gottlose Hexe musste elendiglich verbrennen.

Gretel aber lief schnurstracks zu Hänsel, öffnete sein Ställchen und rief: „Hänsel, wir sind erlöst, die alte Hexe ist tot."

Wie haben sie sich gefreut, sind sich um den Hals gefallen, sind herumgesprungen und haben sich geküsst! Und weil sie sich nicht mehr zu fürchten brauchten, so gingen sie in das Haus der Hexe hinein. Da standen in allen Ecken Kästen mit Perlen und Edelsteinen.

„Die sind noch besser als Kieselsteine", sagte Hänsel und steckte in seine Taschen, was hineinwollte.

Und Gretel sagte: „Ich will auch etwas mit nach Haus bringen", und füllte sein Schürzchen voll.

„Aber jetzt wollen wir fort", sagte Hänsel. „Damit wir aus dem Wald herauskommen."

Als sie aber ein paar Stunden gegangen waren, gelangten sie an ein großes Wasser. „Wir können nicht hinüber", sprach Hänsel. „Ich sehe keinen Steg und keine Brücke."

„Hier fährt auch kein Schiffchen", antwortete Gretel. „Aber da schwimmt eine weiße Ente, wenn ich die bitte, so hilft sie uns hinüber."

Da rief sie: „Entchen, Entchen,
da stehen Gretel und Hänsel.
Kein Steg und keine Brücke,
nimm uns auf deinen weißen Rücken."

Das Entchen kam auch heran, und Hänsel setzte sich auf und bat sein Schwesterchen, sich zu ihm zu setzen.

„Nein", antwortete Gretel, „es wird dem Entchen zu schwer, es soll uns nacheinander hinüberbringen."

Das tat das gute Tierchen, und als sie glücklich drüben waren und ein Weilchen fortgingen, da kam ihnen der Wald immer bekannter und immer bekannter vor, und endlich erblickten sie von Weitem ihres Vaters Haus. Da fingen sie an zu laufen, stürzten in die Stube hinein und fielen ihrem Vater um den Hals.

Der Mann hatte keine frohe Stunde gehabt, seitdem er die Kinder im Walde gelassen hatte, die Frau aber war gestorben.

Gretel schüttelte sein Schürzchen aus, dass die Perlen und Edelsteine in der Stube herumsprangen, und Hänsel warf eine Handvoll nach der andern aus seiner Tasche dazu.

Da hatten alle Sorgen ein Ende, und sie lebten in lauter Freude zusammen.

Mein Märchen ist aus, dort läuft eine Maus, wer sie fängt, darf sich eine große Pelzkappe daraus machen.

Wassilissa, die Wunderschöne

In einem fernen Land lebte einmal ein Kaufmann. Zwölf Jahre war er verheiratet und hatte eine Tochter, die wunderschöne Wassilissa. Die Mutter starb, als Wassilissa acht Jahre alt war. Auf dem Sterbebett rief sie ihre Tochter zu sich, holte unter der Bettdecke eine Puppe hervor und sprach: „Höre gut zu, Wassilissa, und behalte meine Worte in deinem Herzen. Ich sterbe und mit meinem mütterlichen Segen gebe ich dir diese Puppe. Trage sie stets bei dir, aber zeige sie niemandem! Solltest du Kummer haben, dann gib ihr zu essen und frage sie um Rat. Sie wird essen und dir hinterher sagen, wie du dir in deiner Not helfen kannst." Darauf küsste die Mutter ihre Tochter und starb.

Nach dem Tode seiner Frau trauerte der Kaufmann, wie es sich geziemte, dann überlegte er, ob er sich wieder verheiraten sollte. Er war ein guter Mensch, an Bräuten fehlte es nicht. Aber am besten gefiel ihm eine Witwe mit zwei Töchtern. So heiratete der Kaufmann die Witwe, aber er hatte sich in ihr geirrt und fand keine gute Mutter für sein Kind.

Wassilissa wuchs zum schönsten Mädchen im Dorf heran. Die Stiefmutter und die beiden Stiefschwestern beneideten sie um ihre Schönheit und quälten sie mit harter Arbeit, damit sie unansehnlich und von der Sonne verbrannt würde. Wassilissa ertrug alles ohne Murren und wurde jeden Tag schöner. Wie war das aber möglich?

Die Puppe half Wassilissa. Wie hätte das Mädchen sonst mit der vielen Arbeit fertig werden sollen? Dafür sparte sich Wassilissa das Essen vom Munde ab und hob die besten Bissen für ihre Puppe auf.

Abends, wenn alle zu Bett gingen, schloss sie sich in ihr Kämmerchen ein, gab der Puppe zu essen und sprach: „Iss, mein Püppchen, und höre meine Not. Ich lebe beim Väterchen, habe keinerlei Freuden. Die Stiefmutter will mich auf Erden nicht leiden. Sage du mir, wie ich leben und was ich tun soll."

Die Puppe aß und nachher gab sie Wassilissa guten Rat und tröstete sie in ihrem Kummer. Beim Morgengrauen verrichtete sie dann alle Arbeit. Das Mädchen ruhte im Schatten und pflückte Blumen und währenddessen wurden die Beete gejätet und der Kohl gegossen, das Wasser geholt und der Ofen geheizt. Auch kannte die Puppe ein Kraut gegen Sonnenbrand. Wassilissa hatte es gut mit ihrer Puppe.

So vergingen einige Jahre; Wassilissa wuchs heran und kam ins Brautalter. Alle Jünglinge der Stadt freiten um Wassilissa, doch nach den Töchtern der Stiefmutter schaute sich keiner um. Die Stiefmutter grollte ärger denn je und gab allen Freiern dieselbe Antwort: „Ich gebe die Jüngste nicht vor den Älteren her."

Es trug sich zu, dass der Kaufmann für längere Zeit in Geschäften verreisen musste und da zog die Stiefmutter in ein anderes Haus um. Neben diesem Haus war ein dunkler Wald und in diesem Wald stand auf einer Lichtung eine kleine Hütte. In dieser lebte Baba Jaga, die Hexe Knochenbein. Niemanden ließ sie auch nur in die Nähe ihres Hauses und man sagte, sie verspeise Menschen. Nachdem sie nun in das neue Haus gezogen war, fing die Stiefmutter an, Wassilissa, so oft es ging, unter irgendeinem Vorwand in den Wald zu schicken. Sie hoffte, das Mädchen würde auf die alte Baba Jaga treffen. Doch Wassilissa kehrte stets wohlbehalten zurück: Die Puppe zeigte ihr den Weg und ließ sie das Häuschen der Hexe meiden.

Der Herbst kam. Die Stiefmutter teilte allen Mädchen ihr Maß Arbeit für den Abend zu: Die eine sollte Spitzen klöppeln, die andere Strümpfe stricken. Wassilissa aber sollte spinnen. Dann löschte sie alle Lichter im Haus, ließ nur dort eine Kerze brennen, wo die Mädchen arbeiteten. Da fing die Kerze an zu rußen. Eine der Schwestern nahm die Schere, um den Docht zu kürzen, und löschte dabei, wie aus Versehen, die Kerze aus. Denn so hatte es ihr die Mutter aufgetragen.

„Was sollen wir jetzt nur tun?", sagten die Töchter. „Feuer gibt es im ganzen Haus nicht mehr und wir sind mit unserer Arbeit noch nicht fertig. Wir müssen uns Feuer bei der Baba Jaga holen."

„Ich gehe nicht", sagte das Mädchen, das klöppelte, „mir geben die Nadeln Licht genug."

„Ich gehe auch nicht", sagte die andere, die strickte, „ich habe genug Licht von meinen Stricknadeln."

„Du musst Feuer holen!", riefen die beiden. „Lauf zur Baba Jaga!" Und sie stießen Wassilissa aus der Stube. Wassilissa ging in ihr Kämmerlein, gab der Puppe zu essen und sagte: „Iss, mein Püppchen, und höre meine Not! Sie schicken mich zur Baba Jaga, um Feuer zu holen. Die Baba Jaga wird mich aber verspeisen!"

Die Puppe aß und dann strahlten ihre Augen wie zwei Kerzen. „Fürchte dich nicht, Wassilissa!", sagte sie. „Gehe, wohin man dich schickt, aber behalte mich immer bei dir. Mit mir wird dir auch bei der Baba Jaga nichts geschehen."

Wassilissa machte sich bereit, steckte das Püppchen in ihre Tasche, bekreuzigte sich und ging in den finsteren Wald. Sie lief und sie zitterte vor Angst.

Plötzlich sprengte ein Reiter vorüber: ganz weiß war er, und der Tag brach an. Sie ging weiter und wieder sprengte ein Reiter vorüber: Rot war er, rot sein Ross und sein Gewand, rot das Zaumzeug in seiner Hand – die Sonne ging auf.

Wassilissa wanderte die ganze Nacht und den ganzen Tag, erst am nächsten Abend betrat sie dich Lichtung, wo die Hütte der Baba Jaga stand. Der Zaun um das Haus war aus Menschenknochen, auf den Zaunspitzen staken Schädel. Menschenbeine bildeten die Torpfosten, die Riegel waren Hände und das Schloss war ein Mund mit scharfen Zähnen. Vor Schreck blieb Wassilissa wie angewurzelt stehen.

Plötzlich kam wieder ein Reiter: Schwarz war er, schwarz sein Ross und sein Gewand, schwarz das Zaumzeug in seiner Hand. Er ritt ans Tor und verschwand, wie vom Erdboden verschluckt – es wurde Nacht.

Aber es blieb nicht lange dunkel: Die Augen in den Schädeln begannen zu glühen und auf der Lichtung wurde es taghell. Wassilissa zitterte vor Angst, doch sie wusste nicht, wohin sie fliehen sollte und so blieb sie stehen.

Bald darauf erhob sich im Wald ein schreckliches Getöse: die Bäume knarrten, die Blätter raschelten und die Baba Jaga kam aus dem Wald zurück. Sie ritt bis ans Tor und witterte: „Pfui, pfui! Es riecht nach Mensch? Wer ist hier?"

Wassilissa kam zaghaft näher, verneigte sich und sprach: „Ich bin's nur, Großmütterchen. Die Töchter der Stiefmutter haben mich nach Feuer zu dir geschickt."

„Gut, gut", sagte die Baba Jaga, „die kenne ich. Aber du sollst vorerst bei mir bleiben und arbeiten, dann will ich dir Feuer geben. Tust du das nicht, fresse ich dich!"

Das Tor öffnete sich und die Baba Jaga fuhr pfeifend hindurch, Wassilissa folgte ihr. Baba Jaga ging in die Stube, streckte sich auf die Ofenbank aus und sagte zu Wassilissa: „Bring auf den Tisch, was im Ofen steht. Ich habe Hunger."

Wassilissa zündete an einem der Schädel auf dem Zaun einen Kienspan an und begann der Baba Jaga aufzutischen. Es war aber Essen gekocht wie für zehn Mann. Dazu holte sie aus dem Keller Met, Bier und Wein. Die Alte aß und trank alles in sich hinein, für Wassilissa ließ sie nur ein wenig Kohlsuppe, einen Brotkanten und etwas Ferkelfleisch übrig.

Dann rüstete sich die Baba Jaga zum Schlafen und sagte: „Wenn ich morgen davonreite, sollst du den Hof säubern und die Stube fegen, das Essen kochen und die Wäsche pflegen. Dann gehst du auf den Speicher, nimmst ein Viertel Weizen und säuberst ihn vom Schwarzkorn. Und dass mir abends wirklich alles fertig ist, sonst fresse ich dich!" Sprach's, drehte sich zur Wand und fing an zu schnarchen.

Wassilissa gab die Reste des Essens ihrer Puppe, weinte und sprach: „Iss, Püppchen, und höre meine Not. Die Baba Jaga hat mir schwere Arbeit auferlegt und droht, mich zu fressen, wenn ich nicht fertig werde; hilf mir!"

Die Puppe antwortete: „Fürchte dich nicht, schöne Wassilissa. Iss zu Abend, bete und lege dich schlafen. Der Morgen ist weiser als der Abend." Ganz früh erwachte Wassilissa und schaute aus dem Fenster; die Augen in den Schädeln erloschen, der weiße Reiter huschte vorbei – es wurde hell. Die Baba Jaga trat auf den Hof hinaus, pfiff und der Mörser stand vor ihr.

Der rote Reiter huschte vorüber – die Sonne ging auf. Baba Jaga stieg auf den Mörser und ritt davon, mit dem Stößel rieb sie ihn an und sie verwischte die Spur mit dem Ofenbesen.

Wassilissa blieb alleine zurück und schaute sich in der Hütte um, staunte über die Fülle, die darin herrschte, und blieb unschlüssig stehen. Mit welcher Arbeit sollte sie beginnen? Aber da war alle Arbeit schon getan, die Puppe las gerade die letzten Schwarzkörner aus dem Weizen.

„Ach du meine Retterin!", rief Wassilissa aus, „du hast mir wieder aus der Not geholfen."

„Du brauchst nur noch das Essen zu kochen", sagte das Püppchen und kroch in Wassilissas Tasche zurück. „Koche es mit Gottes Hilfe und ruhe dich dann aus."

Gegen Abend deckte Wassilissa den Tisch und wartete auf die Baba Jaga. Die Dämmerung brach an, der schwarze Reiter huschte vorbei – es wurde Nacht; nur die Augen in

den Schädeln glühten. Dann knarrten die Bäume, raschelten die Blätter,
die Baba Jaga kam angeritten. Wassilissa ging ihr entgegen.
„Ist alles getan?", fragte die Baba Jaga.
„Überzeuge dich selbst, Großmütterchen", sagte
Wassilissa.
Die Baba Jaga schaute sich alles an, ärgerte sich, dass nichts zu beanstanden war,
und sagte: „Nun gut!" Darauf rief sie:
„Meine getreuen Diener, meine
lieben Helfer, mahlt mir
meinen Weizen."

Drei paar Hände erschienen, ergriffen den Weizen und trugen ihn fort. Die Baba Jaga aß sich satt, rüstete sich zum Schlafen und befahl Wassilissa: „Morgen musst du das Gleiche tun wie heute. Dann nimmst du den Mohn aus der Kammer und säuberst ihn Körnchen für Körnchen. Jemand hat ihn, um mich zu ärgern, mit Erde vermischt." Sprach's, drehte sich zur Wand und fing an zu schnarchen.

Wassilissa aber gab ihrer Puppe das Essen. Das Püppchen aß und sagte dann wie gestern: „Bete zu Gott und lege dich schlafen. Der Morgen ist weiser als der Abend, alles wird getan werden, Wassilissa."

Am Morgen ritt die Baba Jaga wieder auf ihrem Mörser davon. Wassilissa aber und ihr Püppchen hatten bald die Arbeit getan. Die Alte kehrte zurück, schaute sich alles an und rief: „Meine getreuen Diener, meine lieben Helfer, presst mir alles Öl aus dem Mohn!" Drei paar Hände erschienen und trugen den Mohn fort. Die Baba Jaga setzte sich an den Tisch, sie aß und Wassilissa stand daneben und schwieg.

„Warum sprichst du nicht mit mir?", fragte die Baba Jaga. „Du stehst da, als wärst du stumm."

„Ich habe es nicht gewagt, Großmütterchen. Aber wenn du erlaubst, möchte ich dich etwas fragen", antwortete Wassilissa.

„Frage nur, doch bedenke, nicht jede Frage führt zum Guten und wer viel weiß, wird bald alt."

„Ich möchte dich nur nach dem fragen, was ich gesehen habe. Als ich zu dir kam, überholte mich ein weißer Reiter, weiß gekleidet und auf weißem Ross. Wer war das?"

„Das war mein heller Tag", antwortete die Baba Jaga.

„Danach überholte mich ein anderer Reiter. Rot war er, rot gekleidet und auf rotem Ross. Wer war das?"

„Das war meine liebe Sonne."

„Und wer war der schwarze Reiter auf schwarzem Ross, der mich vor deinem Tor überholte, Großmütterchen?"

„Das war meine dunkle Nacht. Alle drei sind meine treuen Diener."

Wassilissa dachte an die drei Paar Hände, aber sie schwieg.

„Warum fragst du nicht weiter?", sagte die Baba Jaga.

„Mir genügen diese drei Fragen, Großmütterchen. Du hast ja selbst gesagt: Wer viel weiß, wird bald alt."

„Es ist gut, dass du nur nach dem gefragt hast, was du außerhalb des Zaunes gesehen hast, und nicht nach dem, was du auf dem Hof erblicktest", sagte die Baba Jaga. „Denn die allzu Neugierigen fresse ich. Aber jetzt frage ich dich: Wie kommt es, dass du alle Arbeiten schaffst, die ich dir auftrage?"

„Mir hilft der Segen meiner Mutter", erwiderte Wassilissa.

„Das ist es also! Dann pack dich aber weg, du gesegnete Tochter. Gesegnete sind mir ein Gräuel!" Sie zerrte Wassilissa aus der Wohnstube, schob sie vor das Tor, nahm einen Schädel mit glühenden Augen vom Zaun, spießte ihn auf einen Stock und gab ihn ihr. „Da hast du das Feuer für deine Stiefschwestern. Nimm es mit, deshalb haben sie dich ja hierher geschickt."

Eilig lief Wassilissa beim Schein des Schädels nach Hause, der erst erlosch, als der Tag anbrach. Endlich, am Abend des nächsten Tages, erreichte sie ihr Haus. Als sie auf das Tor zuging, wollte sie den Schädel wegwerfen.

„Sie werden zu Hause wohl kein Feuer mehr brauchen", dachte sie.

Da ertönte plötzlich aus dem Schädel eine dumpfe Stimme: „Wirf mich nicht fort, bring mich zur Stiefmutter!"

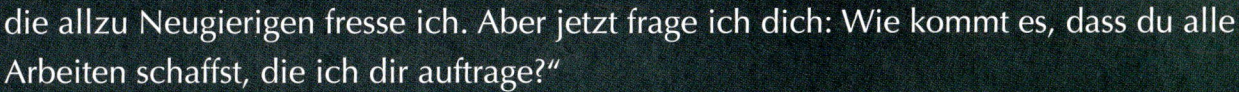

Sie blickte auf das Haus der Stiefmutter und da sie in keinem der Fenster Licht sah, beschloss sie, mit dem Schädel hineinzugehen. Zum ersten Mal wurde sie freundlich empfangen. Die Stiefmutter erzählte ihr, dass seit der Zeit, da sie fortgegangen war, im Haus kein Licht brennen wollte. Es gelang ihnen nicht, selbst Feuer zu schlagen und wenn sie Glut bei den Nachbarn holten, erlosch diese sofort in ihrer Stube. Die Augen im Schädel aber starrten unverwandt auf die Stiefmutter und ihre Töchter und glühten und brannten! Sie wollten sich verstecken, doch wohin sie sich auch wandten – die

Augen folgten ihnen überall hin und am Ende waren alle drei zu Asche verbrannt. Nur Wassilissa blieb gänzlich unversehrt.

Bei Tagesanbruch begrub Wassilissa den Schädel, schloss das Haus ab, ging in die Stadt und bat eine alte Frau, die ganz alleine wohnte, sie bei sich aufzunehmen. Dort lebte sie nun und wartete auf die Rückkehr ihres Vaters. Eines Tages sagte sie zur alten Frau: „Ich langweile mich so ohne Arbeit, Mütterchen. Geh auf den Markt und kaufe mir vom besten Flachs, dann kann ich wenigstens spinnen."

Die Alte kaufte den feinsten Flachs und Wassilissa machte sich an die Arbeit. Das Spinnen ging ihr leicht von der Hand und der Faden wurde glatt und fein. Als sie genug gesponnen hatte, wollte sie ans Weben gehen. Aber ein Webstuhl, der für ihr Garn fein genug gewesen wäre, war nirgends zu finden und niemand konnte einen bauen.

Da bat Wassilissa ihr Püppchen um Rat und das sagte: „Bring mir einen alten Weberkamm, ein altes Weberschiffchen und etwas Rosshaar und ich werde dir alles zusammenbauen."

Wassilissa brachte alles herbei, was die Puppe verlangt hatte, und legte sich dann schlafen. Die Puppe baute über Nacht den richtigen Webstuhl. Gegen Ende des Winters war das ganze Linnen gewebt und es war so fein, dass man es wie einen Faden durch ein Nadelöhr ziehen konnte.

Im Frühjahr kam die Leinwand auf die Bleiche und dann sagte Wassilissa zu der Alten: „Verkaufe dieses Linnen, Mütterchen, und behalte das Geld."

Die Alte sah die Linnenrolle und schlug die Hände zusammen: „Nein, Kindchen, nur dem Zaren steht es zu, solches Linnen zu tragen. Ich werde es in den Palast tragen."

Die Alte kam nun zum Palast und ging vor den Fenstern auf und ab. Der Zar erblickte sie und fragte: „Was wünschst du, Mütterchen?"

„Zar-Väterchen", erwiderte die Alte, „ich bringe dir eine ganz besondere Ware und niemandem außer dir will ich sie zeigen."

Der Zar befahl, die Alte vorzulassen und als er das Linnen sah verwunderte er sich und fragte: „Was verlangst du?"

„Dafür gibt es keinen Preis, Zar-Väterchen, ich möchte es dir zum Geschenk machen."

Der Zar dankte ihr und entließ die Alte mit reichen Geschenken. Nun sollten aus dem Linnen Hemden für den Zaren genäht werden. Sie wurden auch zugeschnitten, doch es fand sich keine Näherin, die sie nähen konnte. Da ließ der Zar die Alte rufen und sagte: „Da du solches Linnen gesponnen und gewebt hast, musst du auch die Hemden daraus nähen."

„Nicht ich habe dieses Linnen gesponnen und gewebt, Herr, es ist das Werk meiner Pflegetochter."

„Dann soll auch sie die Hemden daraus nähen."

Die Alte kehrte heim und erzählte Wassilissa, was sich zugetragen hatte.

„Ich wusste, dass diese Arbeit für mich bestimmt ist", sagte Wassilissa. Sie schloss sich in ihre Kammer ein und machte sich an die Arbeit. Sie nähte ohne Unterlass und bald war ein Dutzend Hemden fertig. Die Alte trug die Hemden zum Zaren und Wassilissa wusch sich, kleidete sich fein, setzte sich ans Fenster und wartete.

Da sah sie, wie ein Diener des Zaren den Hof betrat. Er kam in die Stube und sprach: „Der Zar, unser großer Herrscher, wünscht die Kunstfertige zu sehen, die ihm die Hemden genäht hat, und will sie persönlich belohnen."

Wassilissa machte sich auf und trat dem Zaren vor die Augen. Als der Zar die schöne Wassilissa sah, liebte er sie gleich über alle Maßen.

„Nein, meine Schöne", sagte er, „ich werde dich nicht mehr gehen lassen, du sollst meine Frau werden."

Er nahm Wassilissa bei den weißen Händen, setzte sie neben sich und alsbald wurde Hochzeit gefeiert. Als Wassilissas Vater zurückkehrte, freute er sich über das Los seiner Tochter und blieb, solange er lebte, bei ihr. Auch die alte Frau nahm Wassilissa zu sich. Das Püppchen aber trug sie bis an ihr Lebensende immer in ihrer Tasche.

Autoren und Illustratoren:

Alexandr Nikolajewitsch Afanassjew (1826–1871) studierte Rechtswissenschaften an der Universität in Moskau. Er interessierte sich auch sehr für historische Kulturforschung und wurde von der Russischen Geografischen Gesellschaft beauftragt, heimische Märchen zu sammeln und zu dokumentieren. Seine Sammlung „Russischer Volksmärchen" folgte dem Beispiel der Brüder Grimm und enthält über 600 Märchen. Die Sammlung wurde weltweit bekannt und Afanassjew reiht sich in die Riege der großen europäischen Märchenerzähler ein.
In dieser Sammlung enthalten: *Wassilissa, die Wunderschöne*, nacherzählt von Arnica Esterl

Hans Christian Andersen (1805–1875) wurde in Odense auf der dänischen Insel Fünen geboren. Bekannt wurde er vor allem durch seine über 160 Märchen, die bereits zu Lebzeiten in zahlreiche Sprachen übersetzt wurden. Andersen bearbeitete Volksmärchen, bis sie seinen literarischen Ansprüchen genügten und von Kindern verstanden werden konnten. Seine Kunstmärchen gehören zu den beliebtesten Märchen der Weltliteratur.
In dieser Sammlung enthalten: *Die wilden Schwäne*, nacherzählt von Arnica Esterl.

Die Brüder Jakob (1785–1863) und Wilhelm (1786–1859) Grimm aus Hanau waren als Sprach- und Literaturwissenschaftler tätig und gelten als Mitbegründer der Germanistik. Berühmtheit erlangten sie durch die von ihnen herausgegebene Märchensammlung „Kinder- und Hausmärchen", die erstmals im Jahre 1812 erschien. Die alten, vorwiegend mündlich überlieferten Geschichten wurden von ihnen gesammelt und zusammengetragen und mehr oder minder stark überarbeitet, in Ausdruck und Aussage geglättet und geformt. So entstand die wohl berühmteste Märchensammlung der Welt.
Die in dieser Sammlung enthaltenen Märchen: *Der Geist im Glas, Der Teufel mit den drei goldenen Haaren, Hänsel und Gretel* sind der Originalausgabe der „Kinder- und Hausmärchen" aus dem Jahre 1857 entnommen.

Jeanne-Marie Leprince de Beaumont (1711–1780) war Erzieherin und Gouvernante und liebte Kinder. In ihrer Freizeit schrieb sie Märchen, die zu Klassikern der internationalen Kinderliteratur wurden, und veröffentlichte das erfolgreiche „Magasin des Enfants".

In dieser Sammlung enthalten: *Die Schöne und das Biest*, übersetzt und nacherzählt von Sylvia Tress

Oscar Wilde (1854–1900) wurde in Dublin geboren, lebte und arbeitete aber in London. Als gefeierter Bühnenautor, Romanschriftsteller und Lyriker erlangte er große Berühmtheit. Wilde war einer der bekanntesten – und umstrittensten – Schriftsteller seiner Zeit. Er galt als wortgewandt, scharfsinnig und überheblich. Seine homosexuelle Neigung sorgte im prüden Viktorianismus für einen Skandal.

Er war Vater von fünf Söhnen für die er auch seine Märchensammlung „Der glückliche Prinz" schrieb. Die Märchen daraus gehören bis heute zu den bekanntesten Kunstmärchen Europas.

In dieser Sammlung enthalten: *Der selbstsüchtige Riese*, übersetzt und nacherzählt von Sylvia Tress.

Der Illustrator Scott Plumbe

Scott Plumbe ist in Vancouver/Kanada geboren und wuchs in einem Haus am Rande eines großen Waldes auf. Als Kind eroberte er diese Wildnis, malte und las Bücher. Plumbe studierte Design und Illustration und arbeitete seitdem mit Wörtern und Bildern. Jeder Tag ist für ihn eine Chance, etwas Neues zu lernen und zu erleben.

Für seine großartigen Illustrationen zu *grimmig & anders* gewann er den Applied Arts Illustration Award in der Kategorie Buchillustration.

Märchenhaft.

Brüder Grimm

Tiermärchen der Brüder Grimm

88 Seiten · Gebunden · ISBN 978-3-480-23377-9

Die Brüder Grimm haben zahlreiche Tiermärchen gesammelt, in welchen kluge Tiere die Hauptrolle spielen. „Der gestiefelte Kater" bringt dem Müllersohn unverhofft großes Glück, „Die goldene Gans" verhilft dem Dummling zu einer schönen Prinzessin und „Die Bremer Stadtmusikanten" besiegen mit List und Mut selbst eine wilde Räuberbande – hier sind Tiere die wahren Helden! Anastassija Archipowa hat diese unverwechselbar und zeitlos in Aquarellen zu Papier gebracht.

Hans Christian Andersen

Andersens Wintermärchen

88 Seiten · Gebunden · ISBN 978-3-480-23291-8

Wie kein anderer schafft es der Märchenerzähler Hans Christian Andersen uns mit seinen Märchen zutiefst zu berühren. In diesem Buch sind Andersens schönste Wintermärchen vereint – wundervoll illustriert von der Bilderbuchkünstlerin Anastassija Archipowa, die die besondere Stimmung der Märchen in zarten Aquarellen ausdrucksstark interpretiert.

Verzaubert Klein und Groß.

Brüder Grimm

Drei Wünsche frei

80 Seiten · Gebunden · ISBN 978-3-480-23290-1

Feen spielen in Märchen eine große Rolle, sie erfüllen Wünsche – meist genau drei – und sind die Rettung in großer Not. Feen und Elfen haben bis heute nichts von ihrer magischen Kraft verloren und so zeigen sie sich auf unterschiedliche Weise: als kleine Flügelwesen, als gütige alte Mütterchen, aber auch als mächtige Naturgeister, die über das Wohl und Weh der Menschen entscheiden. Hier bleiben keine Wünsche offen!

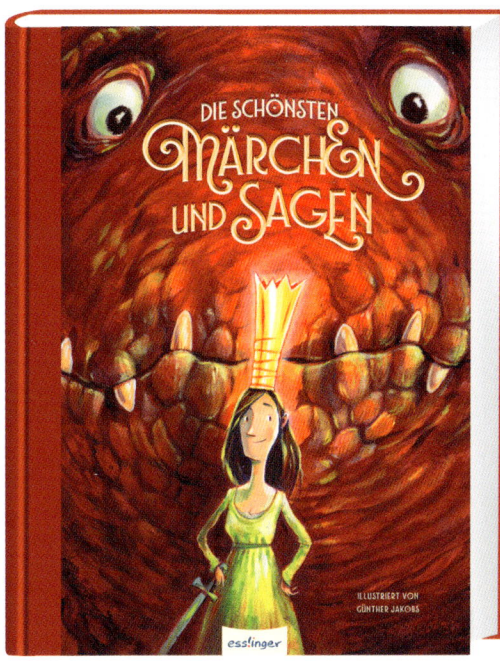

Diverse

Die schönsten Märchen und Sagen

256 Seiten · Gebunden · ISBN 978-3-480-23399-1

Dieses Buch vereint die bekanntesten europäischen Sagen und die schönsten Märchen aus aller Welt. Robin Hood, Wilhelm Tell oder die Sage von der schönen Loreley gesellen sich zu Schneewittchen, der kleinen Seejungfrau und den Bremer Stadtmusikanten und ergeben einen Vorleseband der Extraklasse!
Günther Jakobs hat dazu farbstarke Bilder geschaffen: heldenhaft, märchenhaft und mit einem kleinen Augenzwinkern!